El CAMINO Consagrado

a la perfección cristiana

Alonzo Jones

El Camino consagrado a la perfección cristiana

por
Alonzo Jones

© 2020

978-0-6488225-3-0

Contenido

Introducción 7
1. "Un Sumo Sacerdote" 13
2. Cristo como Dios 16
3. Cristo como hombre 19
4. "Él también participó de lo mismo" 22
5. "Hecho súbdito a la ley" 27
6. "Hecho de mujer" 31
7. La ley de la herencia 38
8. "En todo semejante" 42
9. Cualidades de nuestro Sumo Sacerdote 48
10. "La suma" 52
11. "Y Yo habitaré entre ellos" 56
12. Perfección 66
13. La transgresión y la abominación desoladora 73
14. Entonces el misterio de Dios será consumado 85
15. La purificación del santuario 91
16. El tiempo del refrigerio 96
17. Conclusión 101

Introducción

EN LA manifestación de Cristo el Salvador, éste es revelado que tiene que aparecer en sus tres oficios: profeta, sacerdote y rey.

En los días de Moisés, se escribió de Cristo como profeta: "Profeta les levantaré de en medio de sus hermanos, como tú; y pondré mis palabras en su boca, y Él les hablará todo lo que yo le mande. Y sucederá que a cualquiera que no escuche mis palabras que Él ha de hablar en mi nombre, yo lo llamaré a cuentas". (Deut. 18:18 y 19). Esta idea sigue presente a lo largo de las Escrituras, hasta su venida.

En los días de David se escribió de Él como sacerdote: "Juró Jehová, y no se arrepentirá: Tú eres sacerdote para siempre según el orden de Melquisedec" (Sal. 110:4). Y este pensamiento continúa asimismo presente en las Escrituras, no solamente hasta su venida, sino hasta después de ella.

Y de Cristo en tanto como rey, se escribió en los días de David: "Pero Yo he puesto [ungido] a mi Rey sobre Sión, mi santo monte" (Sal. 2:6). Y de la misma manera este pensamiento perduró en las Escrituras posteriores, hasta su venida, después de ella, y hasta el mismo fin del sagrado Libro.

Así abundantemente las Escrituras presentan a Cristo en sus tres oficios: Como Profeta, como Sacerdote, y como Rey.

Esta verdad triple es generalmente reconocida por todo aquel que está familiarizado con las Escrituras; pero por encima de esto allí hay una verdad que al parecer no es bien conocida –que Cristo no es las tres cosas al mismo tiempo– los tres oficios son sucesivos. Primero cumple su oficio de Profeta, después es Sacerdote, y por último Él es Rey.

Él fue "ese Profeta" cuando vino al mundo como ese Maestro que vino de Dios. El Verbo se hizo carne y habito entre nosotros, "lleno de gracia y de verdad" (Juan 1:14). Pero entonces no era sacerdote, ni lo hubiera sido si todavía permanecía en la tierra, porque escrito esta: "Porque si Él estuviese sobre la tierra, ni siquiera sería sacerdote" (Heb. 8:4). Pero habiendo terminado su labor en su obra profética sobre la tierra, y habiendo ascendido al cielo a la diestra del trono de Dios, Él es ahora y allí nuestro "Sumo Sacerdote", quien está "viviendo siempre para interceder por ellos [nosotros]", como está escrito: "Él edificará el templo de Jehová, y Él llevará gloria y se sentará y reinará en su trono. Y Él será sacerdote sobre su [de su Padre] trono y consejo de paz habrá entre ambos" (Zac. 6:13).

De igual manera que no era Sacerdote mientras estaba en la tierra como Profeta, ahora tampoco es Rey en el cielo a la vez que Sacerdote. Es verdad, Él es Rey en el sentido y en el hecho de que está sentado sobre el trono de su Padre, siendo así Él es el Sacerdote real y el Rey sacerdotal según el orden de Melquisedec, quien, aunque sacerdote del Dios Altísimo, era también Rey de Salem, que es, Rey de paz (Heb. 7:1 y 2). Pero ése no es el oficio de rey ni el trono al que se refiere y contempla la profecía y la promesa, cuando hace mención de su función específica de rey.

La función específica de rey a que hacen referencia la profecía y la promesa, consiste en que Él reinará sobre "el trono de David su padre", perpetuando así el reino de Dios en la tierra. Ese oficio real es la restauración de la perpetuidad, en Él, de la diadema, la corona y el trono de David, que fue descontinuado cuando, a causa de la profanación y maldad de los reyes y el pueblo de Judá e Israel, éstos fueron llevados cautivos a Babilonia, fue cuando fue declarado: "Y tú, profano e impío príncipe de Israel, cuyo día vino en el tiempo de la consumación de la maldad; así dice Jehová el Señor: Depón la mitra, quita la corona; ésta ya no será la misma; sea exaltado lo bajo, y lo alto sea humillado. La derribaré, derribaré, derribaré, y ya no será más, hasta que venga Aquél cuyo es el derecho, y se la entregaré" (Eze. 21:25-27).

De esa forma y en ese tiempo, el trono, la diadema y la corona del reino de David fue descontinuado, "hasta que venga Aquél cuyo es el derecho", momento en el que se le entregará a Él. Y Aquel que le pertenece el derecho, es solo Cristo, "el Hijo de David". Y esta "venida" no fue su primer advenimiento cuando vino humillado como varón de dolores, experimentado en quebranto; sino su segunda venida, cuando venga en su gloria como "Rey de reyes y Señor de señores", cuando su reino desmenuce y consuma todos los reinos de la tierra, y ocupe ésta en su totalidad, y permanezca para siempre.

Es verdad que cuando el bebé de Belén nació al mundo, nos nació un rey, y fue y ha sido siempre ya rey desde entonces, y por derecho propio.

Pero es igualmente cierto que ese oficio real, esa diadema, esa corona y el trono de la profecía y de la promesa, no los tomó entonces, ni los ha tomado todavía, ni los tomará hasta que venga otra vez. Será entonces cuando tome sobre sí mismo su gran poder sobre esta tierra, y reinará plena y verdaderamente en todo el esplendor de su gloria y función regia. Ya que en las Escrituras se especifica que después que "el Juez se sentó, y los libros se abrieron", "uno como el Hijo del Hombre que venía, y llegó hasta el Anciano de días, y le hicieron llegar delante de Él. Y le fue dado dominio, gloria y reino, para que todos los pueblos, naciones y lenguas le sirvieran; su dominio es dominio eterno, que no pasará, y su reino uno que no será destruido" (Dan. 7:13 y 14). Es entonces cuando poseerá verdaderamente "el trono de David, su padre; y reinará sobre la casa de Jacob por siempre; y de su reino no habrá fin" (Luc. 1:32 y 33).

Esto es muy claro en la contemplación de las escrituras, –de la promesa y de la profecía– en relación con sus tres oficios de Profeta, Sacerdote y Rey, que se trata de oficios sucesivos. No son simultáneos, no ocurren al mismo tiempo. Ni siquiera dos de los tres. Primeramente, vino como Profeta. Actualmente es el Sacerdote. Y será el Rey cuando regrese. Terminó su obra como profeta antes de ser sacerdote, y terminará su obra como sacerdote antes de venir como rey.

Nuestra consideración hacia Él es: así fue, así es, y así será.

Dicho de otro modo: cuando estuvo en el mundo como profeta, así es como la gente lo debía considerar. Y concerniente a ese tiempo, así también nosotros debemos de considerarlo. Pero ellos en aquel tiempo no lo consideraron como sacerdote, ni nosotros debemos considerarlo. No como sacerdote durante ese período, por la sencilla razón de que no era sacerdote mientras estuvo en la tierra.

Pero pasado ese periodo de tiempo, se hizo sacerdote. Es lo que ahora es. Es tan ciertamente sacerdote en la actualidad, como fue profeta cuando estuvo en la tierra. Y en su oficio y obra de sacerdote debemos considerarlo tan ciertamente, tan cuidadosa y continuamente en tanto que tal sacerdote, como debían y debemos considerarlo en su oficio de profeta mientras estuvo en la tierra.

Cuando vuelva de nuevo en su gloria y en la majestad de su reino en el trono de David su padre, entonces lo consideraremos como rey, que es lo que será en verdad. Pero no será hasta entonces que lo consideraremos en verdad en su oficio real, así como en su reinado y oficio real será.

En su reinado real podemos hoy contemplarlo solamente como aquello que va a ser. En tanto lo podemos contemplar como lo que ya fue; profeta. Pero en su sacerdocio, debemos hoy considerarlo como lo que es ahora, ya que eso es exactamente lo que es. Es el único oficio en el que se manifiesta actualmente; y es ese precisamente, y no otro, el oficio en el que podemos considerar su obra y propia persona.

No es simplemente que esos tres oficios de profeta, sacerdote y rey sean sucesivos, sino que además lo son con un propósito. Y con un propósito vinculado a ese preciso orden de sucesión en que se dan: profeta, sacerdote y rey.

Su función como profeta fue preparatoria y esencial para su función como sacerdote. Y sus funciones de profeta y sacerdote, en ese orden, son preparatorias para su función de rey.

Es esencial que lo consideremos en sus oficios por el debido orden.

Debemos contemplarlo en su papel de profeta, no solamente a fin de poder aprender de quien se dijo: "nunca ha hablado hombre así como este hombre", sino también para que podamos comprenderlo adecuadamente en su oficio de sacerdote.

Y debemos considerarlo en su oficio de sacerdote, no solamente para que podamos recibir los beneficios infinitos de su sacerdocio, sino también a fin de estar preparados para lo que hemos de ser. Porque está escrito: "serán sacerdotes de Dios y de Cristo, y reinarán con Él mil años" (Apoc. 20:6).

Y habiéndolo considerado en su oficio de profeta en preparación para considerarlo apropiadamente en su oficio de sacerdote, es esencial que lo consideremos en su oficio de sacerdote a fin de estar capacitados para apreciarlo como rey; esto es, para poder estar allí, reinando con Él. Porque escrito está: "tomarán el reino los santos del Altísimo, y poseerán el reino por siempre, eternamente y para siempre", y "y reinarán por siempre jamás" (Dan. 7:18; Apoc. 22:5).

Dado que el sacerdocio es precisamente el oficio y obra presente de Cristo, siendo así desde su ascensión al cielo. Cristo en su sacerdocio es el supremo motivo de estudio para todos los cristianos, tanto como para otras personas.

Capítulo 1

"Un Sumo Sacerdote"

"ASÍ QUE, la suma de lo que hemos dicho es: Tenemos tal Sumo Sacerdote el cual está sentado a la diestra del trono de la Majestad en los cielos; ministro del santuario, y del verdadero tabernáculo que el Señor levantó, y no el hombre" (Heb. 8:1 y 2).

Esta es la suma de la evidencia del sumo sacerdocio de Cristo presentado en los primeros siete capítulos de Hebreos. Dicha "suma" o conclusión no es simplemente el hecho de que tengamos un Sumo Sacerdote, sino específicamente que tenemos tal Sumo Sacerdote. "Tal" significa "de cierta clase o tipo", "de unas características tales", "que es como se ha mencionado o especificado previamente, no diferente o de otro tipo".

Es decir, en lo que precede (los primeros siete capítulos de la epístola a los Hebreos) se han especificado ciertas cosas en relación con Cristo como Sumo Sacerdote, ciertas cualificaciones por las que se convirtió en Sumo Sacerdote, o ciertas cosas que le conciernen como Sumo Sacerdote, que se resumen en este texto: "Así que, la suma de lo que hemos dicho es: Tenemos tal Sumo Sacerdote".

Por lo tanto, es necesario para entender este pasaje de las Escrituras que la parte anterior de esta epístola sea revisada para ver cuál es el verdadero peso e importancia de esta palabra, "tal Sumo Sacerdote". Los siete capitulo completos están dedicados a esta discusión en relación de este sacerdocio. Todo el séptimo capítulo está dedicado a la discusión de este sacerdocio. El capítulo sexto concluye con la idea de su sacerdocio. El quinto está dedicado casi íntegramente al mismo pensamiento. El cuarto termina con él; y el cuarto capítulo no es sino una continuación del tercero, que empieza con una exhortación a "considerar el Apóstol y Pontífice [sumo sacerdote] de nuestra profesión, Cristo Jesús". Y eso, como conclusión de lo que se ha expuesto con anterioridad. El segundo capítulo termina con la idea de Cristo siendo "misericordioso y fiel Pontífice", y esta conclusión se da de lo que ha precedido en los primeros dos capítulos, ya que, aunque haya dos capítulos, el tema es el mismo.

Este boceto muestra claramente que en los primeros siete capítulos de Hebreos el único gran pensamiento sobre todos es el sacerdocio de Cristo y de las verdades allí presentadas, donde quiera este el pensamiento y en la forma que sea, no son más que diferentes presentaciones de la misma gran verdad de su sacerdocio, que finalmente se resumen en estas palabras: "Tenemos tal Sumo Sacerdote".

Por lo tanto, habiendo descubierto la verdadera importancia y trascendencia de la expresión "Tenemos tal Sumo Sacerdote". Es necesario iniciar con las primeras palabras del libro de los Hebreos y seguir el pensamiento a través de la suma de lo dicho, manteniendo siempre en mente que el único pensamiento transcendente de todo es que es "tal pontífice", y que en todo lo que se dice el único gran propósito es mostrar a la humanidad que tenemos "un Sumo Sacerdote". Por más ricas y plenas que sean las verdades en sí mismas, concernientes a Cristo, que están contenidas en las sucesivas declaraciones, hay que tener en cuenta constantemente que estas verdades, por ricas que sean, por plenas que sean, todas se expresan con el único gran objetivo de demostrar que tenemos "tal Sumo Sacerdote". Y al estudiar estas verdades tal como se presentan en la epístola, deben ser consideradas subordinadas y afluentes de la gran verdad que se define como "la suma acerca de lo dicho": "tenemos un Sumo Sacerdote".

En el segundo capítulo de Hebreos, como conclusión del argumento presentado, escrito esta: "Por cuanto le era preciso ser en todo semejante a sus hermanos, para venir a ser misericordioso y fiel Sumo Sacerdote en lo que a Dios se refiere". En esto se establece la condescendencia de Cristo, el hacerse semejante a la humanidad, el ser hecho carne y sangre y morar entre los hombres, fueron necesarios a fin de poder "ser misericordioso y fiel Sumo Sacerdote". Ahora bien, para conocer la medida de Su condescendencia y cuál es el verdadero significado de Su lugar en la carne como Hijo del hombre y como hombre, es necesario saber primeramente cuál fue la medida de Su exaltación como Hijo de Dios y como Dios, y este es el tema del primer capítulo.

La condescendencia de Cristo, su posición y su naturaleza como cuando estaba en la carne en el mundo se nos revela en el segundo capítulo de Hebreos más plenamente que en cualquier otro lugar de las Escrituras. Pero este es el segundo capítulo. El primero le precede. Por lo tanto, la verdad presentada en el capítulo primero, es imprescindiblemente necesaria para el segundo. Debe comprenderse plenamente el primer capítulo para poder captar la verdad y concepto expuestos en el segundo.

En el primer capítulo de Hebreos, la exaltación, la posición y la naturaleza de Cristo tal cuales eran en el cielo, antes de que viniese al mundo, nos son dadas con mayor plenitud que en cualquier otra parte de la Biblia. De lo anterior se deduce que la comprensión de la posición y la naturaleza de Cristo tal como era en el cielo, resulta esencial para comprender su posición y naturaleza tal como fue en la tierra. Y puesto que "debía ser en todo" tal cual fue en la tierra, "ser misericordioso y fiel Sumo Sacerdote", es esencial conocerlo tal cual fue en el cielo. Esto es así ya que una cosa precede a la otra, constituyendo, por lo tanto, parte esencial de la evidencia que resume la expresión, "Tenemos tal Sumo Sacerdote".

Capítulo 2

Cristo como Dios

ENTONCES, ¿cuál es el pensamiento concerniente a Cristo en el primer capítulo de Hebreos?

En primer lugar, se introduce, "Dios" –Dios el Padre– como quien habla al hombre. Quien "habiendo hablado muchas veces y en muchas maneras en otro tiempo a los padres por los profetas", y como el que "en estos postreros días nos ha hablado por su Hijo".

Así es como se nos presenta a Cristo, el Hijo de Dios. Luego se dice de Cristo y del Padre: "a quien [el Padre] constituyó heredero de todo, por quien [el Padre, por medio de Cristo] asimismo hizo el universo". Por lo tanto, como preliminar a Su introducción y nuestra consideración de El cómo Sumo Sacerdote, Cristo Hijo de Dios se nos presenta siendo con Dios el Creador y como la Palabra activa y visible en la creación –"por quien asimismo [Dios] hizo el universo".

A continuación, del propio Hijo de Dios, leemos: "Quien, siendo el resplandor de su gloria [la de Dios], y la imagen expresa de su persona [Dios], [la imagen misma de su sustancia. Versión marginal], y quien sustenta todas las cosas con la palabra de su poder, habiendo hecho la expiación de nuestros pecados por sí mismo, se sentó a la diestra de la Majestad en las alturas".

Esto nos dice que en el cielo la naturaleza de Cristo era la naturaleza de Dios. Que Él en su persona, en su sustancia, es la misma impresión, el mismo carácter, de la sustancia de Dios. Eso equivale a decir que, en el cielo, de la forma en que existía antes de venir a este mundo, la naturaleza de Cristo era la naturaleza de la misma sustancia de la naturaleza de Dios.

Por lo tanto, se escribe además de El que fue, "hecho tanto más superior que los ángeles, cuanto heredó más excelente nombre que ellos". Ese nombre más excelente es el nombre "Dios", que, en el versículo octavo, es dado por el Padre al Hijo: "Mas al Hijo dice: Tu trono, oh *Dios*, por siempre".

Así, Él es "mucho más" excelente que los ángeles en cuanto Dios lo es en comparación con ellos. Y es por esto que Él tiene mucho más excelente nombre. El Nombre expresa solamente lo que Él mismo *es* en su misma naturaleza.

Y este nombre lo tiene "por herencia". No es un nombre que le sea otorgado, sino un nombre que se hereda.

Ahora está en la naturaleza de las cosas, como una verdad eterna, que el único nombre posible que una persona puede heredar es el nombre de su padre. Este nombre, por lo tanto, de Cristo que es mucho más excelente que el de los ángeles, es el nombre de Su Padre, y el nombre de Su Padre es *Dios*. El nombre del Hijo, por lo tanto, que tiene por herencia, es *Dios*. Y este nombre que es mucho más excelente que la de los ángeles es de Él, porque Él es "*mucho más* excelente que los ángeles*". Ese nombre es Dios, es " tanto más excelente que los ángeles" como Dios es mejor que ellos.

Continuamente, su posición y naturaleza, como mucho más excelente que la de los ángeles: "Porque ¿a cuál de los ángeles dijo Dios jamás: Mi Hijo eres tú, Yo te he engendrado hoy, y otra vez: Yo seré a Él Padre, y Él me será a mí Hijo?". Esto contiene la idea del nombre más excelente del que se habla en el versículo anterior. Porque Él, siendo el Hijo de Dios –siendo Dios su Padre– obtiene así el nombre de su Padre por herencia; que es Dios y que es mucho más excelente que el nombre de los ángeles, ya que Dios es mejor que ellos.

Esto se habita aún más: "Y otra vez, cuando introduce al Primogénito en el mundo, dice: Y adórenle todos los ángeles de Dios". Por lo tanto, es mucho mejor que los ángeles ya que es adorado por ellos, y esto de acuerdo con la voluntad de Dios, porque Él es, en Su naturaleza, Dios.

Este pensamiento poderoso contrasta mucho más entre Cristo y los ángeles: "Y ciertamente de los ángeles dice: El que hace a sus ángeles espíritus, y a sus ministros llama de fuego. Mas al Hijo dice: Tu trono, oh *Dios*, por siempre jamás ["de eternidad a eternidad en la traducción alemana"]". Y continúa: "Cetro de equidad es el cetro de tu reino. Has amado la justicia, y aborrecido la maldad; Por tanto, Dios, el *Dios tuyo*, te ha ungido con óleo de alegría más que a tus compañeros".

Y una vez más, el Padre, al hablar con el Hijo, dice: "Y: Tú, Señor, en el principio fundaste la tierra, y los cielos son obra de tus manos: Ellos perecerán, más tú permaneces; y todos ellos se envejecerán como una vestidura; y como un manto los envolverás, y serán mudados; pero tú eres el mismo, y tus años no acabarán".

Nótense los contrastes, y entiéndase en ellos la naturaleza de Cristo. Los *cielos perecerán*, más *Él permanece*. Los *cielos envejecerán*, pero *sus años no acabarán*. Los *cielos serán mudados*, pero *Él es el mismo*. Eso demuestra que Él es Dios: de la naturaleza de Dios.

Aún más de este contraste entre Cristo y los ángeles: "Y, ¿a cuál de los ángeles dijo jamás: Siéntate a mi diestra, hasta que ponga a tus enemigos por estrado de tus pies? ¿No son todos espíritus ministradores, enviados para servicio a favor de los que serán herederos de salvación?".

Así, en el primer capítulo de Hebreos, Cristo es revelado como más excelente que los ángeles, como Dios. Y como tanto *más* excelente que los ángeles como lo es Dios, por la simple razón de que Él es Dios.

En el primer capítulo de Hebreos Cristo se revela como Dios, del *nombre* de Dios, porque es de la *naturaleza* de Dios. Y su naturaleza es tan enteramente la de Dios que es la impresión misma de la *sustancia* de Dios.

Este es Cristo el Salvador, Espíritu de Espíritu, sustancia de sustancia, de Dios. Y esto es esencial conocer en el primer capítulo de Hebreos, para saber cuál es Su naturaleza revelada en el segundo capítulo de Hebreos *como hombre*.

Capítulo 3

Cristo como hombre

LA SEMEJANZA de Cristo con *Dios*, como se establece en el primer capítulo de Hebreos, es sólo introducción al establecimiento de Su semejanza como *hombre*, tal como se ve en el segundo capítulo de Hebreos

Su semejanza con *Dios*, expresada en el primer capítulo de Hebreos, es la única base para la verdadera comprensión de su semejanza como *hombre*, tal como se presenta en el segundo capítulo.

Y esa semejanza con *Dios*, presentada en el primer capítulo de Hebreos, es semejanza, no en el sentido de una simple imagen o representación, sino que es *semejanza* en el sentido de ser realmente como Él en la *misma* naturaleza, la "misma imagen[impresión] de su sustancia", Espíritu de Espíritu, sustancia de sustancia, de Dios.

Y esto se da como el preliminar a nuestra comprensión de Su semejanza *como hombre*. Es decir: de esto debemos entender que Su semejanza como hombre no es simplemente en la forma, en imagen, o representación, sino en *naturaleza*, en la *misma sustancia*. De no ser así, todo el primer capítulo de Hebreos, con su detallada información, en ese respecto no tendría significado y estuviera fuera de lugar.

Entonces, ¿Cuál *es*, esta verdad de Cristo hecho en *semejanza* de hombre, según el segundo capítulo de Hebreos?

Manteniendo presente la idea principal del primer capítulo, y los primeros cuatro versículos del segundo –los que se refieren a Cristo en contraste con los ángeles: más *exaltado* que ellos, *como Dios*–, empezamos con el quinto versículo del segundo capítulo, donde comienza el contraste de Cristo con los ángeles: un poco *menor* que los ángeles, *como hombre*.

Así, leemos: "Porque no sujetó a los ángeles el mundo venidero, del cual hablamos; pero alguien testificó en cierto lugar, diciendo: ¿Qué es el hombre, para que te acuerdes de él, o el hijo del hombre, para que le visites? Le hiciste un poco menor que los ángeles, le coronaste de gloria y de honra, y le pusiste sobre las obras de tus manos. Todo lo sujetaste bajo sus pies. Porque en cuanto le sujetó todas las cosas, nada dejó que no sea sujeto a él; más aún no vemos que todas las cosas le sean sujetas. Pero vemos a Jesús" (Heb. 2:5-9).

Eso, es decir: Dios no ha puesto el mundo venidero en sujeción a los ángeles, sino que lo *ha* puesto en sujeción al *hombre* –pero *no* al hombre al que *originalmente fue* sometido– porque, aunque así fue, pero *ahora* no lo vemos. El hombre perdió su dominio, y en lugar de tener todas las cosas sujetas bajo sus pies, él mismo está ahora sujeto a la muerte. Y él está sujeto a la muerte por la única razón de que está sujeto al pecado. "Así como el pecado entró en el mundo por un hombre, y por el pecado la muerte, y la muerte así pasó a todos los hombres, pues que todos pecaron" (Rom. 5:12). Él está sujeto a la muerte porque está en sujeción al pecado, ya que la muerte no es otra cosa que la paga del pecado.

Sin embargo, sigue siendo una verdad eterna que *no* sujetó el mundo venidero a los *ángeles* sino al *hombre*; y *ahora* Jesucristo es EL HOMBRE.

Porque, a pesar de que este dominio le fue sujetado al hombre y aunque ahora no lo vemos así, el hecho es que se le dio el dominio sobre todo, y ahora vemos que ese hombre en particular perdió ese dominio. Sin embargo, nosotros *"vemos a Jesús"*, como *hombre*, haciendo así venimos a recuperar ese dominio original; y *cuando es así* llegamos a *someter a todas las cosas bajo Él*.

El hombre fue el primer Adán: ese otro Hombre es el postrer Adán. El primer Adán fue hecho un poco menor que los ángeles.

Al postrer Adán –Jesús– lo vemos también "hecho un poco menor que los ángeles".

El primer hombre no permaneció en la posición en la que fue *hecho* –"menor que los ángeles"–. Perdió eso y descendió *todavía* más bajo, quedando sujeto al pecado, y en ello sujeto al sufrimiento; aún al padecimiento de muerte.

Y al postrer Adán lo vemos en el *mismo lugar*, en la misma condición: "Pero vemos a Jesús… el cual fue hecho un *poco menor que los ángeles*, por el *padecimiento de su muerte*". "Porque el que santifica y los que son santificados, de UNO SON *todos*".

El que santifica es Jesús. Los que son santificados son personas de todas las naciones, reinos, lenguas y pueblos. Y un hombre santificado, en una nación, reino, lengua o pueblo, es una demostración divina de que *toda alma* de esa nación, reino, lengua o pueblo, pudiese ser santificada. Y Jesús, habiéndose hecho uno de ellos para poder llevarlos a la gloria, demuestra que es juntamente uno con la humanidad, que Él como hombre, y todos los hombres mismos, "de *uno* son todos; por lo cual no se avergüenza de llamarlos hermanos".

Por lo tanto, de igual forma que *en el cielo*, *como Dios*, era más exaltado que los ángeles; así en la tierra, *como hombre*, fue menor que los ángeles. Y cuando fue exaltado más que los ángeles *como Dios*, Él y Dios eran *de uno*; así que cuando estaba en la tierra, más bajo que los ángeles, *como hombre*, Él y el hombre "*son uno*". Así que con la misma certeza que, por *parte de Dios*, Jesús y Dios *son de un solo* Espíritu, de una sola naturaleza, de una sola sustancia; así, *del lado del hombre*, Cristo y el hombre son "*de uno*" –de una sola carne, de una sola naturaleza, de una sola sustancia.

La semejanza de Cristo *con Dios* es tanto en la *sustancia* como en la forma. Y la semejanza de Cristo *con el hombre* es tanto en la *sustancia* como en la forma. De lo contrario, no tendría sentido el primer capítulo de Hebreos como introducción al segundo capítulo. Carecería de sentido la antítesis presentada entre ambos capítulos. El primer capítulo resultaría vacío de contenido, fuera de lugar, en tanto que introducción del siguiente.

Capítulo 4

"Él también participó de lo mismo"

EL PRIMER capítulo de Hebreos revela que la *semejanza* de Cristo con Dios no lo es simplemente en la *forma* o *representación*, sino también en la *misma sustancia*; y el segundo capítulo revela con la misma claridad que su *semejanza* con el hombre no lo es simplemente en la forma o representación, sino en la *sustancia misma*. Es *semejanza* con los hombres, tal como éstos son en *todas las cosas*, exactamente *tal como son*. Por lo tanto, está escrito: "En el principio era el Verbo, y el Verbo era con Dios, y el Verbo era Dios… y aquel Verbo fue *hecho carne*, y habitó entre nosotros" (Juan 1:1-14).

Y esta *semejanza* con el hombre caído es la de la naturaleza caída y pecaminosa, y no como estaba en su naturaleza original, naturaleza sin pecado hecho por la palabra: "Vemos a Jesús… hecho un poco menor que los ángeles, *por* el *padecimiento de su muerte*". Por lo tanto, *desde que el hombre se volvió sujeto a la muerte, así* es como *vemos a Jesús* ser, en el lugar *del hombre*.

Por lo tanto, tan ciertamente como vemos a Jesús hecho menor que los ángeles, hasta el padecimiento de muerte, así vemos demostrado con ello que, *como hombre*, Jesús tomó la naturaleza del hombre tal como *éste es desde que entró la muerte*; y no con la naturaleza del hombre tal *como era antes* de ser sujeto a la *muerte*.

Pero la muerte entró únicamente a causa del pecado: si el pecado no hubiese entrado ésta nunca reinaría. Y vemos a Jesús hecho un poco menor que los ángeles, *por* el *padecimiento de muerte*. Por lo tanto, vemos a Jesús hecho en la naturaleza del hombre, como el hombre era *desde que éste pecó*, y no como era antes que el pecado entrase.

Pues esto hizo Él a fin de que fuese posible que "*gustase la muerte por todos*". Al hacerse hombre, para poder alcanzar al hombre, debía venir al hombre allí donde éste está. El hombre está sujeto a la muerte. Por lo tanto, Jesús debía hacerse hombre, tal *como es éste desde que fue sujeto a la muerte*.

"Porque le era preciso a Aquél por cuya causa son todas las cosas y por quien todas las cosas subsisten, habiendo de llevar a la gloria a muchos hijos, perfeccionar por aflicciones al autor de la salvación de ellos" (Heb. 2:10).

Así, haciéndose hombre, convenía que viniese a ser hecho tal como el *hombre es*. El hombre está sometido a sufrimiento, por lo tanto, convenía que viniese allí donde el hombre está, en sus sufrimientos.

Antes de que el hombre pecase, no estaba en ningún sentido sujeto a sufrimientos. Y para Jesús haber venido en la naturaleza del hombre como lo era antes de que el pecado entrara, habría sido sólo venir de una manera y en una naturaleza en la que sería imposible para Él conocer los sufrimientos del hombre y por lo tanto imposible llegar a él para salvarlo. Pero desde que se convirtió en Aquel para llevar a los hombres a la gloria, para que estos sean perfeccionados a través de los *sufrimientos*, está claro que Jesús al llegar a ser hombre participó de la naturaleza del hombre tal como está desde que se convirtió en sujeto al sufrimiento, incluso el sufrimiento de la muerte, que es el salario del pecado.

Así escrito está: "Así que, por cuanto los hijos participaron de carne y sangre, Él también participó de lo *mismo*" (vers. 14). Cristo, en su naturaleza humana, tomó la misma carne y sangre que tienen los hombres. Todas las palabras que podrían ser utilizadas para hacer esto claro y positivo están aquí juntos en una sola oración.

Los hijos de los hombres son participantes de carne y sangre; y por causa de esto, *Él* participó de lo mismo.

Pero eso no es todo: Él *también* participó de la misma carne y sangre de la que son participantes los hijos.

Tampoco es todo esto. También *Él mismo* tomó parte de la misma carne y sangre que la de los hijos de los hombres son partícipes.

Tampoco es todo todavía. Él mismo también tomó parte *de la misma carne y sangre* que la de los hombres son partícipes.

El Espíritu de la inspiración desea hasta tal punto que esa verdad sea clarificada, destacada y comprensible para todos, que no se contenta con utilizar menos que todas cuantas palabras puedan usarse para hablarnos de ello. Y es así como se declara que tan precisa y ciertamente como "Así que, por cuanto los hijos participaron de carne y sangre, *Él mismo también participó de lo mismo*" –de la misma carne y sangre.

Y eso lo hizo "para destruir por medio de la muerte al que tenía el imperio de la muerte, esto es, al diablo, y librar a los que por el temor de la muerte estaban durante toda la vida sujetos a servidumbre". Él participó de la misma carne y sangre que nosotros tenemos en la servidumbre al pecado y el temor de la muerte, a fin de poder liberarnos de la servidumbre al pecado y el temor de la muerte.

Así, "el que santifica y los que son santificados, de uno son todos: por lo cual no se avergüenza de llamarlos *hermanos*".

Esta gran verdad del parentesco de sangre, la hermandad de sangre de Cristo con el hombre, se enseña en el evangelio en *Génesis*. Porque cuando Dios hizo su pacto eterno con Abraham, las víctimas de los sacrificios se cortaron en dos trozos, y Dios y Abraham pasaron entre ambas partes (Gén. 15:8-18; Jer. 34:18 y 19; Heb. 7:5 y 9). Por medio de este acto el Señor entro en el pacto más solemne de los conocidos por los orientales y por toda la humanidad: el pacto de sangre, haciéndose así hermano de sangre de Abraham, una relación que sobrepasa cualquier otra en la vida.

Esta gran verdad del parentesco de sangre de Cristo con el hombre se desarrolla aún más en el evangelio en Levítico. En el evangelio en Levítico encontramos el registro de la ley de la redención –o rescate– del hombre y sus heredades. Cuando alguno de los hijos de Israel había perdido su heredad, o bien si él mismo había venido a ser hecho esclavo, existía provisión para su rescate. Si él era capaz de redimirse, o de redimir su heredad por sí mismo, lo hacía. Pero si no era capaz por sí mismo, entonces el derecho de rescate recaía en su pariente de sangre más cercano. No recaía meramente en algún pariente *próximo* entre sus hermanos, sino precisamente en aquel que fuese el más *cercano* en parentesco, con tal que éste pudiera (Lev. 25:24-28, 47-49; Ruth 2:20; 3:9, 12 y 13; 4:1-14).

Así en Génesis como en Levítico, se ha enseñado durante toda esa época lo que encontramos aquí enunciado en el segundo capítulo de Hebreos: la verdad de que el hombre ha perdido su heredad y que él mismo está en esclavitud. Y dado que por sí mismo no se puede redimir, ni puede redimir su heredad, el derecho de rescate recae en el pariente más cercano que pueda hacerlo. Y *Jesucristo* es el único en todo el universo que tiene esa capacidad.

Pero para ser el Redentor debe tener, no sólo el poder, sino también el parentesco de sangre. Y debe ser, no solamente *cercano*, sino el pariente *más cercano* por relación de sangre. Así, "por cuanto los hijos" –los hijos del hombre quien perdió nuestra herencia– "participaron de *carne y sangre*, Él también participó de lo *mismo*". Participo de la sangre y carne en su misma sustancia *como* la nuestra, volviéndose así el pariente más cercano. Por lo tanto, escrito está que Él y nosotros "*uno son todos*; por lo cual no se avergüenza de llamarlos *hermanos*"

Pero la Escritura no se detiene aquí, aun dando claro esta verdad importante. Dice más: "Porque ciertamente no tomó para sí la naturaleza de los ángeles, sino que tomó la de la simiente de Abraham. Por cuanto le era preciso ser *en todo semejante* a sus hermanos", a quien se había vuelto su hermano de sangre en la confirmación del pacto eterno.

Y eso lo hizo con un fin: "Porque en cuanto *Él mismo padeció* siendo *tentado, es poderoso para socorrer* a los que son *tentados*", porque fue ["*tocado* con los *sentimientos* de nuestras debilidades" KJV] "compadecer de nuestras flaquezas", habiendo sido "*tentado en todo según nuestra semejanza*, pero sin pecado" (Heb. 4:15). Habiendo sido *hecho* en su *naturaleza humana*, en todas las cosas *como somos* nosotros, Él pudo ser –y fue– tentado en *todos los puntos* como lo somos nosotros. La única forma en la que Él podía ser "tentado *en todo* según nuestra semejanza" es siendo hecho "en todo semejante a los hermanos".

Puesto que en su naturaleza humana es uno de nosotros, y como nosotros "Él mismo tomó nuestras enfermedades" (Mat. 8:17), puede ser ["*tocado* con los *sentimientos* de nuestras debilidades" KJV] "compadecerse de nuestras enfermedades". Habiendo sido hecho en todas las cosas *como* nosotros, Él cuando fue tentado sintió justamente como sentimos nosotros cuando somos tentados, y conoce todo al respecto: y de esa forma es poderoso para auxiliar y salvar plenamente a todos cuantos lo reciben. Dado que, en su carne, y como Él mismo en la carne, fue tan débil como lo somos nosotros, no pudiendo por Él mismo "hacer nada" (Juan 5:30), así cuando "llevó Él nuestras enfermedades, y sufrió nuestros dolores" (Isa. 53:4) y fue tentado como lo somos nosotros –*sintiendo como nosotros sentimos*–, por su *fe* divina lo conquistó *todo* por el *poder de Dios que esa fe le traía*, y que en *nuestra carne* nos ha *traído a nosotros*.

Por lo tanto, su nombre es llamado Emmanuel, que declarado es: "con nosotros Dios". No solamente Dios con *Él*, sino Dios con *nosotros*. Dios era con *Él* desde la eternidad, y pudo seguir siendo con Él, aunque no se hubiera dado por nosotros. Pero el hombre, por el pecado, se quedó sin Dios, y Dios quiso estar de nuevo a nosotros. Por lo tanto, *Jesús* se hizo "*nosotros*", a fin de que Dios con *Él* pudiese venir a ser "Dios con *nosotros*". Y ese es su *nombre*, porque eso es lo que Él *es*. Bendito sea su *nombre*.

Y esa es "la fe de Jesús", y su poder. Ese es nuestro Salvador: uno con Dios y uno con el hombre; "por lo cual puede también salvar perpetuamente a los que por Él se acercan a Dios" (Heb. 7:25).

Capítulo 5

"Hecho súbdito a la ley"

"CRISTO JESÚS... siendo en forma de Dios... se anonadó [despojó] a sí mismo, tomando forma de siervo, hecho *semejante a los hombres*" (Fil. 2:5-7). Él fue hecho semejante a los hombres, como son los hombres, precisamente donde éstos están.

"El Verbo fue hecho carne". Él "participó de *lo mismo*", de la misma carne y sangre de la que son participantes los hijos de los hombres, en la condición en la que están *desde que el hombre cayera en el pecado*. Y así está escrito que "venido el cumplimiento del tiempo, Dios envió su Hijo, hecho... *súbdito a la ley* [nacido bajo la ley]".

Estar bajo la ley es ser culpable, condenado, y sujeto a la maldición. Ya que escrito está: "sabemos que todo lo que la ley dice, a los que están bajo la ley lo dice, [para que... todo el mundo aparezca culpable ante el juicio de Dios]. Eso es así "por cuanto todos pecaron, y están destituidos de la gloria de Dios" (Rom. 3:19 y 23; 6:14).

Y la culpabilidad de pecado trae la maldición.

En Zacarías 5:1-4, el profeta contempló "un rollo que volaba... de veinte codos de largo, y diez codos de ancho". El Señor le dijo: "ésta es la maldición que sale sobre la haz de toda la tierra". Y ¿cuál es la causa de esa maldición que sale sobre la haz de toda la tierra? Ésta: "porque todo aquel que *hurta*, (como está de la una parte del rollo) será destruido; y todo aquel que *jura*, (como está de la otra parte del rollo) será destruido".

El rollo es la ley de Dios. Se cita un mandamiento de cada una de las tablas, mostrando que ambas están incluidas. Todo aquel que roba –que transgrede la ley en lo referente a la segunda tabla– será destruido, de acuerdo con *esa parte* de la ley; y todo el que jura –transgrede en relación con la primera tabla de la ley– será destruido, de acuerdo con *esa parte* de la ley.

Los escribanos celestiales no necesitan *tomar registro* de los pecados particulares de cada uno; es suficiente con anotar en el rollo correspondiente a cada hombre, el mandamiento particular que se ha violado en cada transgresión. Y ese rollo de la ley va acompañando a cada uno, allá donde él vaya, hasta permanecer en su misma casa, como demuestran las palabras: "Yo la saqué, dice Jehová de los ejércitos, y vendrá a la casa del ladrón, y a la casa del que jura falsamente en mi nombre; y permanecerá en medio de su casa".

Y a menos que se encuentre un remedio, ese rollo de la ley permanecerá allí hasta que la maldición consuma a ese hombre y a su casa, "con sus enmaderamientos y sus piedras", esto es, hasta que la maldición devore la tierra en aquel gran día en que los elementos, ardiendo, serán deshechos. "Ya que el aguijón de la muerte es el pecado", y la maldición del pecado, "la ley". (1ª Cor. 15:56; Isa. 24:5 y 6; 2ª Ped. 3:10-12).

Pero afortunadamente, "Dios envió a su Hijo, nacido de mujer, *nacido bajo la ley, para redimir a los que estaban bajo la ley*" (Gál. 4:4 y 5). Viniendo como lo hizo, trajo redención a toda alma que se encuentra *bajo la ley*. Pero a fin de traer perfectamente esa redención a quienes están bajo la ley, Él mismo debía venir a los hombres precisamente en el lugar donde se encuentran, y de la forma en que se encuentran: *bajo la ley*.

Y esto fue hecho, Jesús asumió todo eso, ya que fue "hecho súbdito a la ley"; fue hecho "culpable"; fue hecho condenado por la ley; fue "hecho" tan culpable como lo *es* todo hombre que está bajo la ley. Fue "hecho" bajo condenación, tan plenamente como lo es todo hombre que ha violado la ley. Fue "hecho" bajo la maldición, tan completamente como lo haya sido o pueda serlo jamás todo hombre en este mundo, ya que escrito está: "porque maldito por Dios es el colgado [en el madero]" (Deut. 21:23).

La traducción literal del hebreo hace esto aún más fuerte, es como sigue: "aquel que cuelga del madero es *la maldición de Dios*". Y esa es precisamente la fuerza del hecho respecto a Cristo, ya que se nos dice que fue "hecho *maldición*". Así, cuando fue hecho bajo la ley, fue hecho todo lo que significa estar bajo la ley. Fue hecho culpable; fue hecho condenado; fue hecho maldición.

Pero manténgase siempre presente que todo eso, *"fue hecho". En sí mismo, Él no era nada de eso* por defecto innato, sino que "fue hecho" todo eso. Y todo cuanto fue hecho, lo fue *por nosotros*; por nosotros que estamos *bajo la ley*; por nosotros que estamos *bajo la condenación* debido a la transgresión de la ley; por nosotros que estamos *bajo maldición* por haber jurado, mentido, matado, robado, cometido adulterio, y toda otra infracción del rollo de la ley de Dios, ese rollo que va con nosotros y que permanece en nuestra casa.

Él fue hecho bajo la ley, *para redimir a los que están bajo la ley*. Fue hecho maldición, *para redimir a quienes están bajo maldición*, a causa de estar bajo la ley.

Pero sea quien sea el beneficiario de lo realizado, y sea lo que sea lo conseguido con su cumplimiento, nunca debe olvidarse el *hecho* de que, a fin de poder realizarlo, Él tuvo que ser "hecho" lo que ya *eran previamente* aquellos en cuyo beneficio lo realizó.

Por lo tanto, todo aquel –en cualquier parte del mundo– que conozca el sentimiento de culpa, por ese mismo hecho conoce también lo que Cristo sintió por él; y que tan cercano ha llegado Cristo a él. Todo aquel que sabe lo que es la condenación, conoce exactamente lo que Cristo sintió por él, y comprende así cuan perfectamente capaz es Jesús de simpatizar con él y de redimirlo. Cualquiera que conozca la maldición del pecado, "cuando... sintiere la plaga de su corazón" (1° Rey. 8:38), en eso puede tener una idea exacta de cuanto Jesús experimentó por él, y de cuán plenamente se identificó Jesús –en su misma experiencia– con él.

Llevando la culpa, estando bajo condenación, y de esa forma bajo el peso de la maldición, Jesús, *durante toda una vida en este mundo de culpa, condenación y maldición,* vivió la perfecta vida de la justicia de Dios *sin pecar absolutamente jamás.* Y cada vez que cualquier hombre conoce la culpa, la condenación y la maldición del pecado, y sabiendo que Jesús realmente sintió en Su experiencia *todo esto tal como el hombre lo siente*; entonces, *además*, ese hombre creyendo en Jesús puede conocer en *su* experiencia la bendición de la vida perfecta de la justicia de Dios en *su* vida para redimir*lo* de la culpa, de la condenación y de la maldición; y toda *su* vida pueda ser una manifestación de que Dios *lo* guarda de pecar totalmente.

Cristo fue hecho bajo la ley, para que pudiese redimir a los que estaban bajo la ley. Y esa bendita obra se lleva a cabo para cada alma que acepta esa redención

"Cristo nos redimió de la maldición de la ley, hecho por nosotros maldición". El que se haya hecho una maldición no es en vano, ya que justamente en eso radica la consecución del fin buscado, en beneficio de todo aquel que lo reciba. Todo eso se hizo "para que la bendición de Abraham fuese sobre los gentiles en Cristo Jesús; para que por la fe recibamos la promesa del Espíritu" (Gál. 3:14).

Aun así, todo lo que fuera pretendido y lograda por ello, siempre debe ser tenido en cuenta por cada alma el HECHO de que, en Su condescendencia, , en el anonadarse a sí mismo y ser "hecho semejante a los hombres", y en su "hecho carne", Cristo fue hecho bajo la ley, culpable –bajo condenación, bajo maldición– de una forma tan plena y real como lo es toda alma que haya de ser redimida.

Y habiendo pasado por todo ello, Él es el autor de eterna salvación y es capaz de salvar plenamente, aún a partir del más profundo abismo, a los que por Él se allegan a Dios.

Capítulo 6

"Hecho de mujer"

¿DE QUÉ forma fue Cristo hecho carne? ¿Cómo vino a participar de la naturaleza humana? Exactamente de la misma manera en que venimos a serlo cada uno de nosotros, todos los hijos de los hombres. Ya que está escrito: "Por cuanto los hijos [del hombre] participaron de carne y sangre, Él también participó de lo mismo".

"También... de lo mismo" significa "de la misma manera", "del mismo modo", "igualmente". Así, Él participó de la "misma" carne y sangre que tienen los hombres, *de la misma manera* en que los hombres participan de ellas. Los hombres participan de ello por el nacimiento, así Él participo de lo mismo. En consecuencia, está escrito que, "un niño *nos es nacido*".

Se escribe más adelante, "Dios envió su Hijo, *hecho de mujer*" (Gál. 4:4). Habiendo sido hecho de mujer en *este mundo*, en la naturaleza de las cosas, Él fue hecho de la única *clase* de mujer que este mundo conoce.

Pero, ¿por qué debía ser hecho de mujer?, ¿por qué no de hombre (varón)? Por la sencilla razón de que ser hecho de hombre no le habría aproximado suficientemente al género humano, tal como es el género humano bajo el pecado. Fue hecho de una mujer para que pudiera venir, en *lo más absoluto*, a donde la naturaleza humana está en su pecado.

Para conseguir eso *debía* ser hecho de mujer, dado que fue la mujer –y no el hombre– quien cayó *primero* y originalmente *en la transgresión*. Porque, "Adán no fue engañado, sino *la mujer*, siendo seducida, vino a ser *envuelta en transgresión*" (1ª Tim. 2:14).

Si hubiese sido hecho simplemente de la descendencia del hombre, no habría alcanzado la plena profundidad del terreno del pecado, ya que *la mujer pecó*, y el pecado estaba *en el mundo, antes de que el varón pecara*.

Cristo fue, pues, hecho de mujer, con el fin de poder enfrentar el gran mundo de pecado, desde el mismo punto de su entrada en él. Si hubiese sido hecho de otra cosa que no fuese de mujer, habría quedado a medio camino, lo que habría significado en realidad la total imposibilidad de redimir del pecado a los hombres.

Sería la "Simiente de la mujer" quien heriría la cabeza de la serpiente; y fue sólo como "la Simiente de la mujer" y "hecho de una mujer" que podía enfrentar a la serpiente en su propio terreno, precisamente allí donde entró el pecado en este mundo.

Fue la mujer –en este mundo– quien se implicó en transgresión originalmente. Por lo tanto, para redimir del pecado a los hijos de los hombres, Aquel que sería el Redentor debía ir *más allá del hombre*, a enfrentarse con el pecado que estaba en el mundo *antes* de que el *varón* pecara.

Es por eso que Cristo, que vino para redimir, fue "hecho de mujer".

Siendo "hecho de mujer" pudo seguir el rastro del pecado hasta los orígenes de su mismo punto de entrada en el mundo, a través de la mujer. Y así, al encontrar el pecado en el mundo y desarraigarlo de él desde su entrada original en el mundo hasta que el último vestigio del mismo será barrido del mundo, en la naturaleza misma de las cosas debe participar de la naturaleza humana tal como es desde que el pecado entró.

De no haber sido así, no habría habido ninguna razón por la que *debiera* ser "hecho de *mujer*". Si no entrara en contacto más cercano con el pecado tal como está en el mundo, como lo es en la naturaleza humana; si hubiese tenido que separarse un solo grado de ella como lo es en la naturaleza humana, entonces no tiene por qué haber sido "hecho de *mujer*".

Pero dado que fue hecho de mujer, no de hombre; dado que fue hecho de aquella por quien el pecado entró en el mundo en su mismo origen; y no del hombre, quien entró en el pecado después de que el pecado hubiera ya entrado en el mundo, esto demuestra más allá toda posible duda que entre Cristo y el pecado en este mundo, y entre Cristo y la naturaleza humana tal como está bajo el pecado en el mundo, no hay ningún tipo de separación, ni en el más mínimo grado. Fue hecho carne; fue hecho pecado. Fue hecho carne tal como es la carne, precisamente tal como es la carne en este mundo, y fue hecho pecado, precisamente como es el pecado.

Y todo eso fue necesario con el fin de redimir a la humanidad perdida. El separarse un solo grado o una sombra de un solo grado en cualquier sentido de la naturaleza de aquellos a quienes vino a redimir sería sólo perderlo todo.

Por lo tanto, en cuanto que fue "hecho bajo la ley", *porque bajo la ley están* los que vino a redimir, y en cuanto que fue hecho maldición, ya que *bajo la maldición están* quienes vino a redimir, y que fue hecho pecado, *porque* los que vino a redimir *son pecadores*, "vendidos a sujeción del pecado", precisamente así debía ser hecho carne, y la "*misma*" carne y sangre, *porque son carne y sangre* aquellos a quienes vino a redimir; y debía ser "hecho de mujer", *porque* el pecado entro en el mundo *al principio*, por y en la mujer.

Por consiguiente, es cierto, sin ningún tipo de excepción, que "debía ser *en todo* semejante a los hermanos" (Heb. 2:17).

Si Él no hubiese sido hecho de la misma carne que aquellos a quienes vino a redimir, entonces no sirve absolutamente de nada el que se hiciese carne. Más aún: Puesto que la única carne que hay en este vasto mundo que vino a redimir, es esta pobre, pecaminosa y perdida carne humana que posee todo hombre, si esa no es la carne de la que Él fue hecho, entonces Él no vino realmente jamás *al* mundo que necesita ser redimido. Porque si Él hubiera venido a este mundo con una naturaleza diferente a la que existe en el hombre de este mundo, a pesar de que Él estuviera en este mundo, no hubiera sido practico el propósito de venir al hombre y ayudarlo. porque su naturaleza tal estaría tan alejado del hombre de este mundo, sería como si Él viniera a otro mundo y no al nuestro, y eso sería como si nunca hubiera venido a nuestro mundo.

No hay ninguna duda de que Cristo, en su nacimiento, participó de la naturaleza de María –la "mujer" de la cual fue "hecho"–. Pero la mente carnal se resiste a admitir que Dios, en la perfección de su santidad, accediese a venir hasta la humanidad, allí donde ésta está en su pecaminosidad. Por lo tanto, se han hecho esfuerzos para escapar a las consecuencias de esta gloriosa verdad que implica el desprendimiento del yo, al inventar una teoría según la cual *la naturaleza de la virgen María* sería *diferente* de la del resto de la humanidad: que su carne no era exactamente tal como la que es común a toda la humanidad. Esa invención pretende que, por algunos medios especiales, María fue hecha *diferente* al resto de los seres humanos, especialmente para que Cristo pudiera nacer de ella.

Este invento ha culminado en lo que se conoce como el dogma católico de la Inmaculada Concepción. Muchos protestantes, si no la gran mayoría de ellos, así como otros no católicos, creen que la Inmaculada Concepción se refiere a la *concepción de Jesús* por la virgen María. Pero eso es un error. No se refiere en absoluto a la concepción de Cristo por María, sino a la concepción de María misma, por parte de *la madre de ella*.

La doctrina oficial e "infalible" de la inmaculada concepción, tal como se la define solemnemente en el artículo de fe, por el papa Pío IX hablando *ex cathedra*, el 8 de diciembre de 1854, es como sigue:

"Por la autoridad de nuestro Señor Jesucristo, de los benditos apóstoles Pedro y Pablo, y por nuestra propia autoridad, declaramos, pronunciamos y definimos que la *doctrina que sostiene* que la muy bendita virgen María, en el primer instante de su concepción, por una *gracia y privilegio especiales* del Dios Todopoderoso, *a la vista de los méritos de Jesús*, el Salvador de la humanidad, *fue preservada libre de toda tacha de pecado original*, es una doctrina que ha sido revelada por Dios, y por lo tanto, debe ser sólida y firmemente creída por todos los fieles".

"Por lo tanto, si alguien pretendiera –cosa que Dios impida– pensar en su corazón de forma diferente a la que nosotros hemos definido, sepa y entienda que su propio juicio lo condena, que su fe naufragó y que ha caído de la unidad de la Iglesia" (*Catholic Belief*, p. 14).

Escritores católicos definen ese concepto en los siguientes términos:

El antiguo escrito, "De Nativitate Christi", encontrado en las obras de San Cipriano, dice: Siendo que [María] era "*muy diferente del resto del género humano*, le fue comunicada la naturaleza humana, *pero no el pecado*".

Teodoro, patriarca de Jerusalén, dijo en el segundo concilio de Niza que María "es verdaderamente la madre de Dios, y virgen antes y después del parto; y *fue creada* en una condición *más sublime y gloriosa* que *toda otra naturaleza*, sea ésta intelectual o corporal" (*Id.*, p. 216 y 217).

Eso sitúa llanamente la naturaleza de María más allá de toda posible semejanza o relación con el género humano o la naturaleza humana, tal como ésta es. Teniendo lo anterior claramente presente, sigamos esa invención en su paso siguiente. Esto es, como se dan en las palabras del cardenal Gibbons:

"Afirmamos que la segunda persona de la bendita Trinidad, el Verbo de Dios, quien es en su naturaleza divina, desde la eternidad, engendrado del Padre, consubstancial con Él, venido el cumplimiento del tiempo fue nuevamente engendrado al nacer de la virgen, tomando de esa forma para sí mismo, de la matriz materna, una naturaleza humana de *la misma sustancia que la de ella*. En la medida en que el sublime misterio de la encarnación puede ser reflejado por el orden natural, la bienaventurada virgen María, bajo la intervención del Espíritu Santo, comunicando a la segunda persona de la trinidad, tal como hace toda madre, una verdadera naturaleza humana *de la misma sustancia que la suya propia*, es real y verdaderamente su madre" (*Faith of Our Fathers*, p. 198 y 199).

Ahora relacionemos ambas cosas. En primer lugar, vemos la naturaleza de María definida como siendo no sólo "muy diferente del resto del género humano", sino "más sublime y gloriosa que toda otra naturaleza", situándola así infinitamente más allá de toda semejanza o relación con el género humano, tal como realmente somos.

En segundo lugar, se describe a Jesús tomando de María una naturaleza humana de la *misma sustancia que ella*.

De esta teoría, se deduce –como que dos y dos suman cuatro– que en su naturaleza humana el Señor Jesús es "muy diferente" del resto de la humanidad; que verdaderamente su naturaleza no es la humana en absoluto.

Tal es la doctrina católica romana sobre la naturaleza humana de Cristo. Consiste simplemente en que esa naturaleza no es de ninguna manera la naturaleza humana, sino la divina: "más sublime y gloriosa que toda otra naturaleza". Consiste en que en Su naturaleza humana Cristo estaba tan separado de la humanidad como para ser completamente diferente a la de la humanidad: que la suya fue una naturaleza en la cual no pudo tener ninguna clase de identificación de sentimientos con los hombres.

Pero esa no es la fe de Jesús. La fe de Jesús es: "por cuanto los hijos participaron de carne y sangre, Él también participó de lo *mismo*".

La fe de Jesús es que Dios envió a su Hijo "en *semejanza* de *carne de pecado*".

La fe de Jesús es que "debía *ser en todo semejante a los hermanos*".

La fe de Jesús es que "Él mismo tomó nuestras enfermedades", y que se puede "compadecer de nuestras flaquezas", habiendo sido tentado en *todos* los respectos *de igual forma* en que lo somos nosotros. Si Él no hubiese sido como nosotros, no habría podido ser tentado como lo somos nosotros. Pero Él fue "tentado en todo según nuestra semejanza". Por lo tanto, fue "en todo" "según nuestra semejanza".

En las citas que en este capítulo hemos dado sobre la fe católica, hemos presentado la postura de Roma a propósito de la naturaleza de Cristo y de María. En el segundo capítulo de Hebreos y pasajes similares de la Escritura vemos reflejada, y en este estudio nos hemos esforzado por exponerla de la forma en que la Biblia la presenta, la fe de Jesús al respecto de su naturaleza humana.

La fe de Roma en relación con la naturaleza de Cristo y de María, y también de nuestra naturaleza, brota la idea de la mente natural según la cual Dios es demasiado puro y santo como para morar con nosotros y en nosotros, en nuestra naturaleza humana pecaminosa: tan pecaminosos como somos, que estamos demasiado lejos de Él en su pureza y santidad, demasiado distantes como para que Él pueda venir a nosotros tal como somos.

La verdadera fe –la fe de Jesús– es que, alejados de Dios tal como estamos en nuestra pecaminosidad, en nuestra naturaleza humana la cual Él tomó, *vino* a nosotros justamente allí donde estamos; que, infinitamente puro y santo como es Él, y pecaminosos, degradados y perdidos como estamos nosotros, Dios, en Cristo, a través de su Espíritu Santo, quiere voluntariamente morar con nosotros y en nosotros para salvarnos, para purificarnos, y para hacernos santos.

La fe de Roma es que debemos necesariamente ser puros y santos a fin de que Dios pueda morar con nosotros.

La fe de Jesús es que Dios debe necesariamente morar con nosotros y en nosotros, a fin de que podamos ser puros y santos.

Capítulo 7

La ley de la herencia

"EL VERBO fue hecho carne".

"Venido el cumplimiento del tiempo, Dios envió su Hijo, hecho de mujer" (Gál. 4:4).

"Jehová cargó en Él el pecado de todos nosotros" (Isa. 53:6).

Hemos visto que Cristo, siendo hecho de mujer, alcanzó el pecado en el mismo punto de su entrada original a este mundo, y que era preciso que fuese hecho de mujer a fin de lograr ese fin. También hemos visto que la iniquidad fue puesta sobre Él mediante los pecados reales de todos nosotros.

Todo el pecado existente, desde su origen en el mundo hasta el mismo final de éste, le fue cargado a Cristo: ambos, el pecado tal cual es en sí mismo, y tal cual es al cometerlo nosotros. El pecado en su *tendencia*, y el pecado en el *acto*: el pecado tal cual es hereditario en nosotros, *no cometido* por nosotros; y el pecado que *cometemos*.

Sólo de esta forma podía ser cargado en Él el pecado de *todos nosotros*. Solo sujetándose Él mismo a la ley de la herencia podía alcanzar al pecado en su auténtica y verdadera dimensión, tal como es en realidad. De no ser así, le habrían sido cargados los pecados que nosotros hemos *efectivamente cometido*, con la culpa y condenación que les corresponden.

Pero más allá de eso, hay en toda persona, en muchas maneras, la *tendencia* a pecar, *heredada* desde pasadas generaciones, que no ha culminado todavía en el acto de pecar, pero que está siempre listo, cuando la ocasión lo permite, a consumarse en la comisión efectiva de pecados. El gran pecado de David es una buena ilustración de lo anterior (Sal. 51:5; 2º Sam. 11:2).

Al librarnos del pecado, no es suficiente que seamos salvos de los pecados que hemos efectivamente cometido: debemos ser también librados de cometer otros pecados. Y para que eso sea así, debe ser afrontada y sometida esa *tendencia hereditaria* al pecado; debemos ser poseídos por el poder que nos guarde de pecar, un poder para vencer esa tendencia o propensión hereditaria hacia el pecado que hay en nosotros.

Todos los pecados que hemos realmente cometido fueron cargados sobre Él, le fueron imputados, para que su justicia se nos pudiese cargar a nosotros: para que nos pudiese ser imputada. *También* le fue cargada nuestra *tendencia al pecado* al ser hecho carne, al ser nacido de mujer, de la misma carne y sangre que nosotros, a fin de que su justicia pueda realmente manifestarse en nosotros en la vida cotidiana.

Así, afrontó el pecado en la carne que tomó y triunfó sobre él, como está escrito: "Dios enviando a su Hijo *en semejanza de carne de pecado*, y a causa del pecado, condenó al pecado en la carne". "Porque Él es nuestra paz... dirimiendo en su carne las enemistades".

Y así, precisamente de igual forma en que nuestros pecados que *realmente hemos cometido* le fueron imputados para que su justicia nos fuese imputada a nosotros; así, enfrentando y conquistando –en la carne– la *tendencia al pecado*, y *manifestando justicia* en esa *misma* carne, nos capacita a nosotros –en Él, y Él en nosotros– para enfrentar y conquistar en la carne esa *misma tendencia al pecado*, y para manifestar justicia en esa misma carne.

Y es así como al respecto de los pecados que efectivamente hemos cometido, los pecados del pasado, *Su justicia* se nos imputa a *nosotros*, como de la misma manera en que *nuestros pecados* le fueron imputados a Él. Y a fin de *guardarnos de pecar* se nos *imparte* su justicia en nuestra carne, así como es nuestra carne, con su tendencia al pecado, le fue *impartida* a Él. De esa manera es el Salvador completo. Nos salva de todos los pecados que hemos efectivamente cometido; y nos salva igualmente de todos los que podríamos cometer apartados de Él.

Si Él no hubiese tomado la misma carne y sangre que comparten los hijos de los hombres, con su tendencia al pecado, entonces, ¿qué razón o filosofía justificaría el énfasis que se da en las Escrituras en *su genealogía*? Era descendiente de David; descendiente de Abraham; Él fue descendiente de Adán, y siendo hecho de mujer, alcanzó incluso lo que precedió la caída de Adán: los orígenes del pecado en el mundo.

En esa genealogía figura Joacim, cuya maldad hizo que fuese sepultado como un asno, "arrastrándole y echándole fuera de las puertas de Jerusalén" (Jer. 22:19); Manasés, quien hizo "desviarse a Judá y a los moradores de Jerusalén, para hacer más mal que las gentes que Jehová destruyó delante de los hijos de Israel"; Achaz, quien "había desnudado a Judá, y rebeládose gravemente contra Jehová"; Roboam, quien nació de Salomón después que éste hubiese abandonado al Señor; El mismo Salomón, quien nació de David y Betsabé; también Ruth, la moabita, y Rahab; lo mismo que Abraham, Isaac, Jessé, Asa, Josafat, Ezequías y Josías: los peores juntamente con los mejores. Y las acciones impías de hasta los mejores, nos son relatadas con idéntica fidelidad que las buenas. Y en toda esta genealogía, difícilmente encontraremos *uno* de cuya vida se haya dado referencia que no posea en su registro alguna mala acción.

Obsérvese que fue al final de esa genealogía cuando "aquel Verbo se *hizo carne, y habitó entre nosotros*". Fue "hecho de mujer" al final de una genealogía tal. Fue en una línea descendente como esa en la que Dios envió "a su Hijo *en semejanza de carne de pecado*". Y esa línea descendente, esa genealogía, significó algo para Él precisamente lo que significa para todo hombre, por la ley de que la maldad de los padres es visitada en los hijos, hasta la tercera y cuarta generación. Fue para Él significativa en las terribles tentaciones del desierto, como lo fue a lo largo de toda su vida en la carne.

Fue de ambas maneras, por herencia y por imputación, como "Jehová cargó sobre Él el pecado de todos nosotros". Y cargado así, con esa inmensa desventaja, Él pasó triunfante el terreno en el que, sin ningún tipo de desventaja, había fallado la primera pareja.

Con Su muerte pagó la penalidad de todos los pecados realmente *cometidos*, y por lo tanto puede otorgar justamente Su justicia a todos los que decidan recibirla. Y por haber condenado el pecado *en la carne*, aboliendo *en su carne* la enemistad, nos libra del poder de la ley de la herencia; y puede así en justicia impartir su poder y naturaleza divinos a fin de elevarnos sobre esa ley, manteniendo por encima de ella a toda alma que lo reciba.

Y así leemos que "venido el cumplimiento del tiempo, Dios envió su Hijo, hecho de mujer, hecho súbdito a la ley" (Gál. 4:4). Y "Dios enviando a su Hijo en semejanza de carne de pecado, y a causa del pecado, condenó al pecado en la carne; para que *la justicia de la ley* fuese cumplida *en nosotros*, que no andamos conforme a la carne, más conforme al Espíritu" (Rom. 8:3 y 4). "Porque Él es nuestra paz... dirimiendo en su carne las enemistades... para edificar en sí mismos los dos [Dios y el hombre] en un nuevo hombre, haciendo la paz" (Efe. 2:14 y 15).

"Por lo cual, debía ser *en todo* semejante a los hermanos... porque en cuanto Él mismo padeció siendo tentado, es poderoso para socorrer a los que son tentados".

Sea que la tentación venga del interior o del exterior, Él es el perfecto escudo contra ella; en consecuencia, salva plenamente a los que por Él se allegan a Dios. Dios, enviando a su propio Hijo en semejanza de carne de pecado, Cristo tomando nuestra naturaleza tal como es ésta, en su degeneración y pecaminosidad, y Dios morando constantemente con Él y en Él en esa naturaleza; en todo eso Dios demostró a todos, por los siglos, que no hay ser en este mundo tan cargado con pecados, o tan perdido, que Dios no se complazca en morar con él y en él para salvarlo de todo ello, y para llevarlo por el camino de la justicia de Dios.

Y su nombre es con toda propiedad Emmanuel, que declarado es: "*Dios* con *nosotros*".

Capítulo 8

"En todo semejante"

ES PRIMORDIAL señalar que en los capítulos primero y segundo de Hebreos el pensamiento y la discusión sobre la persona de Cristo es especialmente en cuanto a la naturaleza y *sustancia*.

En Filipenses 2:5-8 vemos a Cristo en relación con Dios y con el hombre, haciendo mención particular de su naturaleza y *forma*. "Haya, pues, en vosotros este sentir que hubo también en Cristo Jesús: el cual, siendo en *forma* de *Dios*, no tuvo por usurpación ser *igual a Dios*: Sin embargo, *se anonadó a sí mismo*, tomando *forma* de *siervo*, hecho semejante a los hombres; y hallado en la *condición* como hombre, se humilló a sí mismo, hecho obediente hasta la muerte, y muerte de cruz".

Cuando Jesús se anonadó a sí mismo, se hizo hombre: y Dios fue revelado en el Hombre. Cuando Jesús se anonadó a sí mismo, por un lado, se reveló el hombre, y por otro lado, se reveló Dios. Así, en Él, ambos –Dios y el hombre– se encontraron en paz, y se convirtieron en uno: "porque Él es nuestra paz, que de ambos [Dios y el hombre] hizo uno... dirimiendo en su carne las enemistades..., para edificar en sí mismo los dos [Dios y el hombre] en un nuevo hombre, haciendo la paz" (Efe. 2:14 y 15).

El que fue en forma de *Dios* tomó la forma de *hombre*.

El que era igual a *Dios* se hizo igual al *hombre*.

El que era *Creador* y *Señor* se hizo *criatura* y *siervo*.

El que era en semejanza de *Dios* se hizo en semejanza de *hombre*.

El que era *Dios* y *Espíritu*, se hizo *hombre* y *carne* (Juan 1:1 y 14).

No es sólo cierto en cuanto a la *forma*; lo es también en cuanto a la *sustancia*, ya que Cristo era *como Dios* en el sentido de ser de su misma naturaleza y sustancia. Fue hecho *como los hombres*, en el sentido de serlo en la misma sustancia y naturaleza.

Cristo era Dios. Se hizo hombre. Y cuando se hizo *hombre*, *fue* tan realmente hombre como era realmente Dios.

Se hizo hombre a fin de poder redimir al hombre.

Vino al hombre allí donde éste *está*, para traer al hombre allí donde Él *estaba* y *está*.

Con el fin de redimir al hombre de lo que éste es, Él fue *hecho* lo que *es* el *hombre*:

El hombre es carne (Gén. 6:3; Juan 3:6). "Y aquel Verbo fue hecho carne" (Juan 1:14; Heb. 2:14).

El hombre está bajo la ley (Rom. 3:19). Cristo fue "hecho súbdito a la ley" (Gál. 4:4).

El hombre está bajo la maldición (Gál. 3:10; Zac. 5:1-4). Cristo fue "hecho por nosotros maldición" (Gál. 3:13).

El hombre está vendido a sujeción de pecado (Rom. 7:14), y está cargado de maldad (Isa. 1:4). Y "Jehová *cargó* en Él el pecado de *todos nosotros*" (Isa. 53:6).

El hombre es un "cuerpo del pecado" (Rom. 6:6). Y Dios lo "hizo *pecado* por nosotros" (2ª Cor. 5:21).

Así, literalmente, "debía ser *en todo semejante a* los hermanos".

Sin embargo, no se debe olvidar jamás, debe quedar fijado en la mente y el corazón por siempre, que nada de lo relativo a la humanidad; la carne, el pecado y la maldición que fue hecho, procedía de *sí mismo*, o que tuvo su origen en su propia naturaleza o falta propias. Todo lo citado "fue *hecho*". "Él *tomo sobre sí mismo* la forma de siervo, y *fue hecho* semejante a los hombres".

Y en todo ello Cristo fue "*hecho*" lo que anteriormente *no era*, a fin de que *el hombre* pudiera ser, *ahora* y *por siempre*, aquello que *no es*.

Cristo era el Hijo de Dios. Se hizo el Hijo del hombre para que los hijos de los hombres pudiesen convertirse en hijos de Dios (Gál. 4:4; 1ª Juan 3:1).

Cristo era Espíritu (1ª Cor. 15:45). Se hizo carne con el objeto de que el hombre, que es carne, pueda ser hecho espíritu (Juan 3:6; Rom. 8:8-10).

Cristo, cuya naturaleza era totalmente *divina*, se hizo participante de la naturaleza *humana* para que nosotros, que tenemos naturaleza *humana*, seamos totalmente "hechos participantes de la naturaleza divina" (2ª Ped. 1:4).

Cristo, quien *no conoció pecado*, fue *hecho pecado*, incluso la pecaminosidad misma del hombre, para que *nosotros*, que no conocimos la justicia, pudiéramos ser hechos justicia, incluso la justicia misma de Dios.

Del mismo modo que la justicia de Dios, la cual en Cristo *es hecho el hombre*, es *justicia real*, así el pecado del hombre, que *Cristo fue hecho* en la carne, era *pecado real*.

Tan ciertamente como nuestros pecados, cuando están sobre nosotros, son pecados reales, así cuando esos pecados fueron cargados sobre Él, resultaron para Él pecados reales.

Tan ciertamente como la culpa va ligada a esos pecados, y *a nosotros* a causa de esos pecados cuando están *sobre nosotros*, así también esa culpa estuvo ligada a esos mismos pecados nuestros –y *a Él* a causa de los mismos– cuando le fueron *cargados sobre sí*.

Así como el sentido de condenación y desánimo de nuestros pecados fueron real para nosotros, cuando estos estaban sobre nosotros, así ciertamente este mismo sentido de condenación y desanimo Él vivió, *por causa de la culpa de esos pecados que fueron realizados por Él*, cuando nuestros pecados fueron puestos sobre Él.

Así, la culpa, la condenación, la desolación causada por el conocimiento del pecado, fueron su parte, fueron un hecho en su experiencia consciente, tan real como lo sean en la vida de cualquier pecador que jamás haya existido en la tierra.

Y esta sobrecogedora verdad trae a cada alma pecaminosa en el mundo la gloriosa verdad de que "la justicia de Dios", y el reposo, la paz, y el gozo, de esa justicia, son un hecho en la experiencia consciente del creyente en Jesús en este mundo, de una forma tan real como lo son en la vida de cualquier santo que haya estado siempre en el cielo.

Aquel que conocía la amplitud de la justicia de Dios, adquirió también el conocimiento de la profundidad de los pecados de la humanidad. Conoce el horror de la profundidad de los pecados de los hombres, tanto como la gloria de las alturas de la justicia de Dios. Y por ese, "su conocimiento, justificará mi siervo justo a muchos" (Isa. 53:11). Por ese conocimiento que Él tiene, es poderoso para librar a todo pecador desde la mayor bajeza del pecado, y elevarlo hasta la mayor altura de justicia, incluso a la propia justicia de Dios.

Hecho "en todo" como nosotros, *fue* en todo punto como lo *somos nosotros*. Tan plenamente fue eso cierto, que pudo decir aquello que también nosotros debemos reconocer: "No puedo yo hacer nada de mí mismo" (Juan 5:30).

De Él esto fue totalmente cierto, que en las debilidades y enfermedad de la carne –la nuestra, que Él tomó– era como *es* el hombre sin Dios y sin Cristo, ya que es solamente sin Él como el hombre no puede hacer nada. *Con* Él, y *a través* de Él, está escrito: "todo lo puedo hacer". Pero de los que están sin Él está escrito: "sin mí nada podéis hacer" (Juan 15:5).

Por lo tanto, cuando de Sí mismo dijo: "No puedo yo hacer nada de mí mismo", esto hace que sea seguro para siempre que, en la carne, –debido a nuestras enfermedades que Él tomó; a causa de nuestra pecaminosa, hereditaria y real, que fue puesta e impartida sobre Él– en esa carne Él fue por sí mismo exactamente como lo es el hombre que, en la enfermedad de la carne está cargado de pecados, reales y hereditarios, y que está sin Dios. Y en esa debilidad, cargados de pecados, y desvalido como estamos nosotros, en la fe divina Él exclamó: "Yo confiaré en Él" (Heb. 2:13).

Jesús "vino a buscar y a salvar lo que se había perdido". Y para ello, vino a los perdidos allí donde estamos. Se contó entre los perdidos. "Fue contado con los perversos". Fue "hecho pecado". Y desde la posición de la debilidad y enfermedad del perdido, Él *confió en Dios*, en que lo libraría y salvaría. Cargado con los pecados del mundo, y tentado en todo como nosotros, esperó y confió en que Dios lo salvaría de todos esos pecados, y que lo guardaría de pecar (Sal. 69:1-21; 71:1-20; 22:1-22; 31:1-5).

Esa es la fe de Jesús. Ese es el punto en el que la fe de Jesús alcanza al hombre perdido y pecador para auxiliarlo. Porque así se ha demostrado plenamente la misma de la perfección, que no hay hombre en todo el mundo para quien no haya esperanza en Dios: nadie hay tan perdido que no pueda ser salvo confiando en Dios, en esa fe de Jesús.

Y esta fe de Jesús, por la cual, en el lugar de los perdidos, esperaba y confiaba en Dios para la salvación del pecado y el poder para evitar pecar, esa victoria de Jesús es la que ha traído la fe divina a todo hombre en el mundo; por ella todo hombre puede esperar en Dios y confiar en Él, y puede hallar el poder de Dios para librarle del pecado y guardarlo de pecar. Esa fe que Él ejerció, y por la que obtuvo la victoria sobre el mundo, la carne y el diablo; esa fe, es el don gratuito a todo hombre perdido en el mundo. Y así, "esta es la victoria que vence al mundo, nuestra fe". Y esta es la fe, de la que Jesús es Autor y Consumador.

Esta es la fe de Jesús que es dado al hombre. Esta es la fe de Jesús que el hombre debe recibir para ser salvo. Esta es la fe de Jesús que ahora, en el tiempo de la proclamación del mensaje del tercer ángel, debe ser recibida y *guardada* por aquellos que serán librados de la adoración a "la bestia y su imagen", y capacitados para guardar los mandamientos de Dios.

Esta es la fe de Jesús a la que aluden las palabras finales del mensaje del tercer ángel: "aquí están los que guardan los mandamientos de Dios, y la fe de Jesús".

Y la suma acerca de lo dicho es: "Tenemos tal Sumo Sacerdote". Lo contenido en los capítulos primero y segundo de Hebreos es el fundamento preliminar y básico de su sumo sacerdocio. "Por cuanto le era preciso ser en todo semejante a sus hermanos, para venir a ser misericordioso y fiel Sumo Sacerdote en lo que a Dios se refiere, para expiar los pecados del pueblo. Porque en cuanto Él mismo padeció siendo tentado, es poderoso para socorrer a los que son tentados." (Heb. 2:17 y 18).

Capítulo 9

Cualidades de nuestro Sumo Sacerdote

TAL ES el tema de los dos primeros capítulos de Hebreos. Y así comienza también el tercero, o más bien así continúa ese gran tema, con la maravillosa exhortación: "Por tanto, hermanos santos, participantes del llamamiento celestial, considerad al Apóstol y Sumo Sacerdote de nuestra profesión, Cristo Jesús; el cual fue fiel al que le constituyó". Habiendo presentado a Cristo en la carne, tal como fue hecho "en todo" como los hijos de los hombres, y como a nuestro pariente de sangre más cercano, se nos invita ahora a considerarlo en la fidelidad que caracterizó su cometido.

El primer Adán no fue fiel. Este postrer Adán "es fiel al que le constituyó, como también lo fue Moisés sobre toda su casa [la casa de Dios]. Porque de tanto mayor gloria que Moisés Éste es estimado digno, cuanto tiene mayor dignidad que la casa el que la edificó. Porque toda casa es edificada por alguno; mas el que creó todas las cosas es Dios. Y Moisés a la verdad fue fiel sobre toda su casa [la casa de Dios], como siervo, para testimonio de lo que después se había de decir; pero Cristo, como hijo [fue fiel] sobre su casa; la cual casa somos nosotros, si retenemos firme hasta el fin la confianza y la gloria de la esperanza".

Seguidamente se cita a Israel, que salió de Egipto, que no permaneció fiel, que fracasó en entrar en el reposo del Señor porque no creyó en Él. Entonces, a ese respecto, se nos hace *a nosotros* la exhortación: "*Temamos*, pues, que, quedando aún la promesa de entrar en su reposo, alguno de vosotros parezca no haberlo alcanzado. Porque también a nosotros se nos ha predicado el evangelio como a ellos; pero no les aprovechó la palabra predicada a los que la oyeron al no mezclarla con fe. Pero nosotros que hemos creído entramos en el reposo", al creer en Aquel que se dio así mismo por nuestros pecados.

Entramos en el reposo cuando se nos perdonan todos nuestros pecados al creer en Él, quien fue fiel en todo deber y ante toda tentación de la vida. También nosotros entramos en su reposo y permanecemos allí al hacernos participantes de su fidelidad, en la cual y por la cual nosotros también seremos fieles al que nos constituyó. Por consideración a Él –"el Sumo Sacerdote de nuestra profesión"– en su fidelidad, llegaremos siempre a la concideración de que "no tenemos un Sumo Sacerdote que no pueda compadecerse de nuestras flaquezas; sino uno que fue tentado en todo según nuestra semejanza, pero sin pecado" (Heb. 4:15).

Dado que "*no* tenemos un Pontífice que *no* se pueda compadecer de nuestras flaquezas", se deduce, por lo tanto, que *tenemos* un Pontífice que *se puede* compadecer de ellas. Y la forma en la que puede compadecer y siente nuestras debilidades, enfermedades y flaquezas, es que Él fue "tentado en todo según nuestra semejanza". No existe un solo punto en la cualquier alma pueda ser tentada y en la que Él no fue tentado exactamente de igual manera, y habiendo sentido la tentación tan verdaderamente como cualquier alma humana pueda sentirla.

Pero, a pesar de que fue tentado en todos los puntos como nosotros; Él sintió el poder tan verdaderamente como nunca nadie puede sentirlo, sin embargo, en todo fue fiel y a través de todo ello pasó "sin pecado". Y por la fe en Él, en esta Su fidelidad, cada alma puede afrontar con toda tentación y pasar a través de ella sin pecar.

Esta es nuestra salvación: que Él fue hecho carne como hombre, y debía ser en todo semejante a los hermanos y ser tentado en todo según nuestra semejanza, *"para venir a ser misericordioso y fiel Sumo Sacerdote* en lo que es para con Dios". Y esto no sólo "para hacer la reconciliación por los pecados del pueblo", sino también para "socorrer" –auxiliar, acudir en ayuda de, asistir y liberar del sufrimiento– "a los que son tentados". Él es nuestro Sumo Sacerdote misericordioso y fiel para socorrernos –acudir en nuestro auxilio–, cuando somos tentados, para librarnos de caer bajo la tentación y así guardarnos de caer bajo el dominio del pecado. "Corre bajo nosotros" nosotros es nuestra tentación para que no caigamos bajo la tentación, sino para que venzamos y nos elevemos victoriosamente sobre ella, no pecando.

"Por tanto, teniendo un gran Sumo Sacerdote, que traspasó los cielos, Jesús el Hijo de Dios, *retengamos nuestra profesión*" (Heb. 4:14). Y también viendo que tenemos un Sacerdote tal, "Acerquémonos, pues, confiadamente al trono de la gracia, para alcanzar misericordia y hallar gracia para el oportuno socorro".

Seguidamente, al invitarnos a considerar a nuestro Sumo Sacerdote en su fidelidad, escrito está, "Porque todo sumo sacerdote tomado de entre los hombres, es constituido a favor de los hombres en lo que a Dios se refiere, para que presente también ofrendas y sacrificios por los pecados; *que pueda compadecerse de los ignorantes y extraviados*, puesto que él también está rodeado de flaqueza" (Heb. 5:1 y 2).

Y por eso que para que sea un sumo sacerdote misericordioso y fiel en las cosas que pertenecen a Dios, y a fin de llevar a la gloria a muchos hijos, convenía que Él, en tanto que Capitán de la salvación de ellos, "él también estuviese rodeado de flaqueza", que padeciese siendo tentado, que fuese "varón de dolores, experimentado en quebranto". Así, "debía ser en todo", estar familiarizado de la experiencia humana, de modo que realmente "pueda tener compasión de los ignorantes y extraviados" que están en el camino. En otras palabras, a fin de poder "venir a ser misericordioso y fiel sumo sacerdote en lo que a Dios se refiere", debió ser hecho "consumado por aflicciones".

"Ni nadie toma para sí esta honra [del sacerdocio], sino *el que es llamado de Dios*, como lo fue Aarón. *Así* también *Cristo no se glorificó a sí mismo* haciéndose Sumo Sacerdote, sino el que le dijo: Tu eres mi Hijo, yo te he engendrado hoy; Como también dice en otro lugar: Tú eres sacerdote eternamente, según el orden de Melquisedec. El cual, en los días de su carne, habiendo ofrecido ruegos y súplicas con gran clamor y lágrimas al que le podía librar de la muerte, fue oído por su temor reverente. Y aunque era Hijo, *por lo que padeció aprendió la obediencia*; y habiendo sido hecho perfecto [habiendo sido probado hasta la perfección, en todos los puntos], vino a ser autor de eterna salvación a todos los que le obedecen; y fue llamado de Dios Sumo Sacerdote según el orden de Melquisedec" (Heb. 5:4-10).

"Y tanto más en cuanto no sin juramento fue hecho Él sacerdote; porque los otros [los sacerdotes levíticos] ciertamente sin juramento fueron hechos sacerdotes; pero Éste, *con juramento* por Aquél que le dijo: Juró el Señor, y no se arrepentirá: Tú eres sacerdote para siempre según el orden de Melquisedec. Por tanto, *Jesús es hecho* fiador de un mejor testamento". Así, por sobre los demás, Jesús fue constituido sacerdote *por juramento de Dios*. Por lo *tanto*, "tenemos *tal* Pontífice".

Además, "Y los otros [de la orden de Aarón] ciertamente fueron muchos sacerdotes, ya que por causa de la muerte no podían permanecer; mas Éste, por cuanto permanece para siempre, tiene un sacerdocio inmutable" (Heb. 7:23 y 24). por juramento de Dios, Él es constituido Sacerdote para siempre. Es también hecho sacerdote "según la virtud de vida indisoluble" (Heb. 7:16). Por lo tanto "Él continua para siempre". y por cuanto permanece para siempre Él posee un "sacerdocio inmutable". Y por causa de todo esto, "puede también salvar perpetuamente a los que por Él se acercan a Dios, *viviendo siempre* para interceder por ellos" (Heb. 7:25). "Tenemos tal Sacerdote".

"Porque *tal* Sumo Sacerdote *nos convenía*; santo, inocente, limpio, apartado de los pecadores, y hecho más sublime que los cielos; que no tuviese necesidad cada día, como los otros sumos sacerdotes, de ofrecer primero sacrificios por sus propios pecados, y luego por los del pueblo; porque esto lo hizo una sola vez, ofreciéndose a sí mismo. Porque la ley constituye sumos sacerdotes a hombres débiles; más *la palabra del juramento*, posterior a la ley, constituye al Hijo [Sumo Sacerdote], quien es perfecto para siempre." (Heb. 7:26-28).

Capítulo 10

"La suma"

"A SÍ QUE, la suma de lo que hemos dicho es: Tenemos tal Sumo Sacerdote".

¿De qué es esa declaración el resumen, o suma?

1. De que Aquel que era superior a los ángeles como Dios, fue hecho inferior a los ángeles, como hombre.
2. De que Aquel que era de la naturaleza de Dios, fue hecho de la naturaleza del hombre.
3. De que Aquel que era en todas las cosas como Dios, fue hecho en todas las cosas como el hombre.
4. De que como hombre fue tentado en todo punto, tal como lo es el hombre, y no pecó jamás, sino que fue en todo fiel al que lo constituyó.
5. De que como hombre fue tentado en todo punto como lo somos nosotros, se conmovió con el sentimiento de nuestras enfermedades y fue perfeccionado a través de los sufrimientos para que pudiera ser un Sumo Sacerdote misericordioso y fiel; y fue llamado por Dios para ser un Sumo Sacerdote.
6. De que, por el poder de una vida sin fin (eterna) fue hecho Sumo Sacerdote.
7. Y que por juramento de Dios fue nombrado Sumo Sacerdote.

Tales son las puntualizaciones que hace la Palabra de Dios, de las que la suma –o conclusión– es: "Tenemos tal Sumo Sacerdote".

Sin embargo, eso es solamente una parte de "la suma", ya que la declaración completa de tal resumen continúa en los términos: "Tenemos tal Sumo Sacerdote que se asentó a la diestra del trono de la Majestad en los cielos; *ministro del santuario*, y de aquel *verdadero tabernáculo* que *el Señor levantó, y no el hombre*.

En la tierra existía un santuario que el hombre levantó, que hizo. Es cierto que había sido levantado y construido bajo la dirección del Señor; sin embargo, es muy diferente del santuario y verdadero tabernáculo que el Señor mismo construyó, y no el hombre. Tan diferentes como son las obras del hombre de las obras de Dios.

Hebreos 9 presenta una breve descripción de ese "santuario mundano" –o terrenal– y de su ministerio, así como un resumen de su significado. Por lo tanto, citamos Hebreos 9:2-12, ambos inclusive:

"Porque el tabernáculo fue edificado así; la primera parte, en donde estaba el candelero, y la mesa, y los panes de la proposición; el cual es llamado el Santuario. Y tras el segundo velo estaba la parte del tabernáculo que es llamado el Lugar Santísimo; el cual tenía el incensario de oro, y el arca del pacto cubierta de todas partes alrededor de oro; en la que estaba una urna de oro que contenía el maná, y la vara de Aarón que reverdeció, y las tablas del pacto; y sobre ella los querubines de gloria que cubrían con su sombra el propiciatorio; cosas de las cuales no podemos ahora hablar en particular. Y cuando estas cosas fueron así ordenadas, los sacerdotes siempre entraban en la primera parte del tabernáculo para hacer los oficios del servicio a Dios; pero en la segunda parte, sólo el sumo sacerdote una vez al año, no sin sangre, la cual ofrecía por sí mismo, y por los pecados de ignorancia del pueblo. *Dando en esto a entender el Espíritu Santo*, que aún no estaba descubierto el camino al lugar santísimo, entre tanto que el primer tabernáculo estuviese en pie. Lo cual era figura de aquel tiempo presente, en el cual se presentaban ofrendas y sacrificios que no podían hacer perfecto, en cuanto a la conciencia, al que servía con ellos; ya que consistía sólo en comidas y bebidas, y en diversos lavamientos y ordenanzas acerca de la carne, que les fueron impuestas hasta el tiempo de la restauración. Mas estando ya presente Cristo, Sumo Sacerdote de los bienes que habían de venir, por el más amplio y más perfecto tabernáculo, no hecho de manos, es decir, no de esta creación; y no por sangre de machos cabríos ni de becerros, sino por su propia sangre, entró una sola vez en el lugar santísimo, habiendo obtenido para nosotros eterna redención".

Ese santuario no era sino una "figura" prevista para "aquel tiempo presente". En él los sacerdotes y sumos sacerdotes ofrecían y ministraban ofrendas y sacrificios. Pero todo ese sacerdocio, ministerio, ofrenda y sacrificio, *lo mismo que el propio santuario*, simplemente "era figura de aquel tiempo presente", ya que "no podían hacer perfecto, cuanto a la conciencia, al que servía con ellos".

Aquel santuario y el tabernáculo no eran sino una figura del santuario y el verdadero tabernáculo que el Señor levantó, y no el hombre. El sumo sacerdote de aquel santuario no era sino una figura de Cristo, verdadero Sumo Sacerdote del santuario y verdadero tabernáculo.

El ministerio de aquel sumo sacerdote del santuario terrenal no era sino una figura del ministerio de Cristo, nuestro gran Sumo Sacerdote "que se asentó a la diestra del trono de la Majestad en los cielos; ministro del santuario, y de aquel verdadero tabernáculo que el Señor levantó, y no el hombre".

Las ofrendas del sacerdocio, en el ministerio del santuario terrenal, no eran sino figura de la ofrenda de Cristo, el verdadero Sumo Sacerdote, en su ministerio en el santuario y verdadero tabernáculo.

Así, Cristo constituía la verdadera sustancia y significado de todo el sacerdocio y servicio del santuario terrenal. Si se considera alguna parte del sacerdocio o servicio como ajena a ese significado, deja inmediatamente de tener sentido. Y tan ciertamente como Cristo es el verdadero Sacerdote de los cristianos, de la cual era representado en figura en el sacerdocio levítico; tan ciertamente el santuario del que Cristo es ministro es el verdadero santuario para todo cristiano, del cual era figura el santuario terrenal, en la dispensación levítica.

Dice pues la Escritura: "Porque si Él *[Cristo] estuviese sobre la tierra, ni siquiera sería sacerdote*, habiendo aún sacerdotes que presentan ofrendas según la ley; los cuales sirven de *ejemplo* y *sombra* de las *cosas celestiales*, como fue advertido por Dios a Moisés cuando estaba por comenzar el tabernáculo: Mira, dice, haz todas las cosas conforme al *modelo que te ha sido mostrado en el monte*" (Heb. 8:4 y 5).

"Fue, pues, necesario que *las figuras de las cosas celestiales* fuesen purificadas con estas cosas [sacrificios terrenales]; pero *las cosas celestiales mismas*, con *mejores sacrificios* que éstos. Porque no entró Cristo en el santuario hecho de mano, *figura del verdadero*, sino en *el mismo cielo* para presentarse ahora por nosotros en la presencia de Dios" (Heb. 9:23 y 24). Y fue "en el mismo cielo", en la dispensación cristiana, donde fue visto el trono de Dios, el altar de oro y un ángel con el incensario de oro, ofreciendo incienso con las oraciones de los santos, "Y el humo del incienso subió de la mano del ángel delante de Dios con las oraciones de los santos" (Apoc. 4:5; 8:2-4). En ese mismo tiempo se vio también "en el mismo cielo", el templo de Dios: "Y el templo de Dios fue abierto en el cielo, y el arca de su testamento fue vista en su templo" (Apoc. 11:19; 15:5-8; 16:1). Asimismo, se vieron allí "siete lámparas de fuego... ardiendo delante del trono" (Apoc. 4:5). Allí fue visto también uno semejante al Hijo del hombre, vestido de ropajes sumo sacerdotales (Apoc. 1:13).

Existe, por lo tanto, un santuario cristiano –del cual era figura el primer santuario– tan ciertamente como existe un sumo sacerdocio cristiano –del que era figura el sumo sacerdocio terrenal–. Y Cristo, nuestro Sumo Sacerdote, ejerce un ministerio en ese santuario cristiano, de igual forma en que había un ministerio en el sacerdocio terrenal, ejercido en el santuario de esta tierra.

"Así que, la suma de lo que hemos dicho es: Tenemos tal Sumo Sacerdote el cual está sentado a la diestra del trono de la Majestad en los cielos; ministro del santuario, y del verdadero tabernáculo que el Señor levantó, y no el hombre".

Capítulo 11

"Y Yo habitaré entre ellos"

CUANDO DIOS dio a Israel las directrices originales para la construcción del santuario que iba a ser figura para aquel tiempo presente, dijo: "Y que me hagan un santuario, para que yo habite entre ellos" (Éxo. 25:8).

El objetivo del santuario era que el Señor pudiese habitar entre ellos. Este propósito del santuario está más plenamente revelado en los siguientes textos: "Y allí me encontraré con los hijos de Israel, y el tabernáculo será santificado con mi gloria. Y santificaré el tabernáculo de la congregación y el altar: santificaré asimismo a Aarón y a sus hijos, para que me sirvan como sacerdotes. Y *habitaré entre* los hijos de Israel, y seré su Dios. Y conocerán que yo soy Jehová su Dios, que los saqué de la tierra de Egipto, *para habitar en medio de ellos*: Yo Jehová su Dios" (Éxo. 29:43-46; también Lev. 26:11 y 12).

Este propósito no era simplemente que Él pudiera habitar en el sentido de asentar su santuario en medio del campamento de Israel. Este es el gran error que Israel cometió en lo referente al tabernáculo y casi perdió por completo el verdadero propósito del santuario. Cuando el santuario fue erigido y situado en medio del campamento de Israel, muchos de los hijos de Israel pensaron que eso fue suficiente; supusieron que en eso consistía el que Dios fuese a habitar en medio de ellos.

Es cierto que, mediante la Shekinah, Dios moraba en el santuario. Pero incluso el edificio del santuario con su espléndido ornamento, asentado en medio del campamento, no constituía el todo del santuario. Además del magníficamente decorado edificio, estaban los sacrificios y ofrendas del pueblo; y los sacrificios y ofrendas en favor del pueblo. Ahí estaban los sacerdotes en sus servicios continuos; y también estaba ahí el sumo sacerdote en su sagrado ministerio. Sin todo ello el santuario habría sido para Israel prácticamente algo vacío, incluso aunque el Señor morase allí.

Y ¿cuál era el significado y propósito de esas cosas? Veamos: Cuando alguno de los israelitas había "hecho algo contra alguno de los mandamientos de Jehová en cosas que no se han de hacer" siendo así "culpable", entonces, "de su voluntad" traía a la puerta del tabernáculo su cordero sacrificial. Antes que el cordero fuera ofrecido en sacrificio, el israelita que lo había traído ponía sus manos sobre la cabeza de la víctima y confesaba sus pecados "y él lo aceptará para expiarle". Entonces, el que había traído la víctima y confesado sus pecados, la degollaba. La sangre se recogía en una taza. Parte de la sangre "la rociarán alrededor sobre el altar, el cual está a la puerta del tabernáculo" (altar de los holocaustos u ofrendas ardientes); otra parte de la sangre se ponía "sobre los cuernos del altar del incienso aromático, que está en el tabernáculo de la congregación"; y parte de ella se rociaba "siete veces delante de Jehová, hacia el velo del santuario"; el resto se echaba "al pie del altar del holocausto, que está en el tabernáculo de la congregación". El cordero mismo se quemaba sobre el altar de los holocaustos. Y de todo ese servicio se concluye: "y le hará el sacerdote expiación de su pecado que habrá cometido, y será perdonado". El servicio era similar en el caso del pecado y subsiguiente confesión del conjunto de la congregación. Se oficiaba asimismo un servicio análogo de forma continua –mañana y tarde– en favor de toda la congregación. Pero sea que los servicios fueran de carácter individual, o bien de carácter general, la conclusión venía siempre a resultar la misma: "y le hará el sacerdote expiación de su pecado [o de ellos] que habrá cometido, y será perdonado" (ver Levítico, capítulos 1-5).

El ciclo del servicio del santuario se completaba anualmente. Y el día en el que se alcanzaba la plenitud del servicio, a los diez días del mes séptimo, era especial, "el día de la expiación", o la purificación del santuario. En ese día se concluía el servicio en el lugar santísimo.

A ese día se refiere la expresión "una vez en el año", cuando "solo el pontífice" (o sumo sacerdote) entraba en el "lugar santísimo" o lugar santo de los santos. Y del sumo sacerdote y su servicio en ese día, está escrito: "Y expiará el santuario santo, y el tabernáculo del testimonio; expiará también el altar, y a los sacerdotes, y a todo el pueblo de la congregación" (Lev. 16:2-34; Heb. 9:2-8).

Así, los servicios del santuario en el ofrecimiento de los sacrificios y la ministración de los sacerdotes, y particularmente de los sumo sacerdotes, tenía por fin hacer expiación; perdonar y alejar los pecados del pueblo. Por causa del pecado y la culpa, por haber hecho "algo contra alguno de todos los mandamientos de Jehová su Dios, sobre cosas que no se han de hacer", era necesario hacer expiación o reconciliación, y obtener perdón. El término expiación o reconciliación, contiene la idea de 'unidad de mente', ['ayuntamiento', "unión", reconciliación']. El pecado y la culpa habían separado a los israelitas de Dios. Mediante esos servicios se llegaban a reconciliar (hechos uno) con Dios. Perdonar significa literalmente 'dar por'. Perdonar el pecado es *dar por* el pecado. El perdón de los pecados viene únicamente de Dios. ¿Qué es lo que Dios *da*? ¿qué es lo que Él ya dio por el pecado? Dio a Cristo, y Cristo "se dio a sí mismo por nuestros pecados" (Gál. 1:4; Efe. 2:12-16; Rom. 5:8-11).

Por lo tanto, cuando un individuo o toda la congregación de Israel había pecado y deseaba perdón, todo el plan y problema del perdón, reconciliación, y salvación, se desplegaban ante la presencia del pecador. El sacrificio que se ofrecía, lo era por la fe en el sacrificio que Dios ya había realizado al entregar a su Hijo por el pecado. En esa fe los pecadores eran aceptado por Dios, y Cristo era recibido por ellos en lugar de sus pecados. Así era como hacían reconciliación [unión] con Dios. Y así es como Dios moraría *en medio de ellos*: es decir, que Él habitaría en cada corazón y moraría en cada vida, para hacer ese corazón y vida "santo, inocente, limpio, apartado de los pecadores". Y el hecho de asentar el tabernáculo *en medio del campamento* de Israel era una ilustración, una lección objetiva y una evocación de la verdad de que Él habitaría *en medio* de cada individuo (Efe. 3:16-19).

Algunos de entre los de la nación, en toda época, vieron en el santuario esta gran verdad salvadora. Pero como un cuerpo, en la globalidad del tiempo, Israel perdió este concepto; y deteniéndose únicamente en el pensamiento de que Dios habitase *en el tabernáculo* en medio del campamento, dejaron de alcanzar el gozo de la presencia personal de Dios morando *en sus vidas individuales*. En correspondencia con ello, su adoración se transformó únicamente en formalista y de carácter externo, más bien que de carácter interior y espiritual. De esa forma, sus vidas continuaron siendo irregeneradas y desprovistas de santidad; y así, aquellos que salieron de Egipto perdieron la gran bendición que Dios tenía para ellos, y "cayeron en el desierto" (Heb. 3:17-19).

Tras haber entrado en tierra de Canaán, el pueblo cometió idéntico error. Pusieron su dependencia en el Señor *solamente como aquel que moraba en el tabernáculo*, y no permitieron que el tabernáculo y su ministerio fuesen los medios por los que el Señor morase en ellos mismos por la fe. Consecuentemente, sus vidas no hicieron otra cosa excepto progresar en la maldad, de forma que Dios permitió que el tabernáculo fuese destruido, y que los paganos tomaran cautiva el arca de Dios (Jer. 7:12; 1° Sam. 4:10-22) a fin de que el pueblo pudiese aprender a ver, encontrar y adorar a Dios, individualmente. Es así como experimentarían la morada de Dios con ellos de forma individual.

Después de la ausencia del tabernáculo y sus servicios de entre el pueblo de Israel, por unos cien años, David lo restauró, y fue ensamblado en el gran templo que Salomón edificó. Pero nuevamente se fue perdiendo de vista su verdadero propósito. El formalismo, con la maldad que lo acompaña, fueron incrementando progresivamente, hasta que el Señor se vio compelido a exclamar, tocante a Israel: "Aborrecí, abominé vuestras solemnidades, y no me darán buen olor vuestras asambleas. Aunque me ofrezcáis holocaustos y vuestros presentes, no los aceptaré; ni miraré a las ofrendas de paz de vuestros animales engordados. Aleja de mí el ruido de tus cantos, que no escucharé las salmodias de tus instrumentos. Antes corra el juicio como las aguas, y la justicia como impetuoso arroyo" (Amós 5:21-24).

También en Judá, por Isaías, se vio obligado a hacer una súplica similar:

"Príncipes de Sodoma, oíd la palabra de Jehová; escuchad la ley de nuestro Dios, pueblo de Gomorra. ¿Para qué me sirven a mí, dice Jehová, la multitud de vuestros sacrificios? Harto estoy de holocaustos de carneros, y de sebo de animales gordos; no quiero sangre de bueyes, ni de ovejas, ni de machos cabríos. ¿Quién demanda esto de vuestras manos, cuando venís a presentaros delante de mí, para hollar mis atrios? No me traigáis más vana ofrenda; el incienso me es abominación; lunas nuevas, sábados, y el convocar asambleas, no lo puedo soportar; son iniquidad vuestras fiestas solemnes. Vuestras lunas nuevas y vuestras fiestas solemnes aborrece mi alma; me son gravosas; cansado estoy de soportarlas. Cuando extendiereis vuestras manos, yo esconderé de vosotros mis ojos; asimismo cuando multiplicareis la oración, yo no oiré; llenas están de sangre vuestras manos. Lavaos, limpiaos; quitad la iniquidad de vuestras obras de delante de mis ojos; dejad de hacer lo malo. Aprended a hacer el bien; buscad juicio, restituid al agraviado, haced justicia al huérfano, abogad por la viuda. Venid luego, dice Jehová, y estemos a cuenta; si vuestros pecados fueren como la grana, como la nieve serán emblanquecidos; si fueren rojos como el carmesí, vendrán a ser como blanca lana" (Isa. 1:10-18).

Sin embargo, no prestaron oído a sus ruegos, e Israel fue llevado cautivo y su tierra fue dejada desolada a causa de su iniquidad, y el mismo destino le siguió a Judá. Y aun así, este peligro para Judá era de la misma gran causa que el Señor se había esforzado siempre por enseñar a la nación y que ésta no había aún aprendido: se habían aferrado *al templo* y al hecho de que la presencia de Dios habitase *en ese templo* como el gran fin, en lugar de comprenderlo como el medio para lograr el gran fin, que consistía en que *mediante el templo y su ministerio*, al proporcionar perdón y reconciliación, Aquel que moraba *en el templo* viniera a hacer morada *en ellos mismos*. Así, el Señor clamó una vez más por su pueblo por medio de Jeremías a fin de salvarlos de ese error, haciéndolos que vieran y recibieran la gran verdad del genuino significado y propósito del templo y su servicio.

Así dijo: "He aquí que vosotros confiáis en palabras de mentira, que no aprovechan. ¿Seguiréis hurtando, matando, adulterando, jurando falsamente, y quemando incienso a Baal, y andando tras dioses ajenos que no conocisteis? ¿Y vendréis y os pondréis delante de mí en esta casa que es llamada por mi nombre, y diréis: Librados somos; para hacer todas estas abominaciones? ¿Es cueva de ladrones delante de vuestros ojos esta casa, sobre la cual es invocado mi nombre? He aquí que también yo veo, dice Jehová. Ahora pues, id a mi lugar en Silo, donde hice que morase mi nombre al principio, y ved lo que le hice por la maldad de mi pueblo Israel. Y ahora, por cuanto vosotros habéis hecho todas estas obras, dice Jehová, y bien que os hablé, madrugando para hablar, no oísteis, y os llamé, y no respondisteis; haré también a esta casa que es llamada por mi nombre, en la que vosotros confiáis, y a este lugar que di a vosotros y a vuestros padres, como hice a Silo; Que os echaré de mi presencia como eché a todos vuestros hermanos, a toda la descendencia de Efraín. Tú pues, no ores por este pueblo, ni levantes por ellos clamor ni oración, ni me ruegues; porque no te oiré. ¡Oh si mi cabeza se hiciese aguas, y mis ojos fuentes de lágrimas, para que llore día y noche los muertos de la hija de mi pueblo! ¡Oh quién me diese en el desierto un mesón de caminantes, para que dejase a mi pueblo, y de ellos me apartase! Porque todos ellos son adúlteros, congregación de prevaricadores. Tensan su lengua como su arco, para lanzar mentiras; pero no son valientes para la verdad en la tierra; porque de mal en mal procedieron, y me han desconocido, dice Jehová" (Jer. 7:8-16; 9:1-3).

¿Cuáles eran específicamente las «palabras de mentira» en las que este pueblo confiaba? Helas aquí: "No confiéis en palabras de mentira, diciendo: Templo de Jehová, templo de Jehová, templo de Jehová es éste" (Jer. 7:4).

Esto es perfectamente manifiesto que el pueblo, si bien entregado a las formas de adoración y del servicio del templo, lo pasaron meramente como formas, perdiendo completamente el propósito del templo y sus servicios, que no era otro que el que Dios pudiese reformar y santificar las vidas del pueblo, morando individualmente en ellos. Y habiendo perdido de vista todo eso, la iniquidad de sus propios corazones sólo más y más se manifestó. Por esta razón, todos sus sacrificios, adoración y oraciones eran sólo burla y ruido, siempre y cuando sus corazones y vidas no fueran reformados en santidad.

Por lo tanto, "Palabra de Jehová que vino a Jeremías, diciendo: Ponte a la puerta de la casa de Jehová, y predica allí esta palabra, y di: Oíd palabra de Jehová, todo Judá, los que entráis por estas puertas para adorar a Jehová. Así dice Jehová de los ejércitos, Dios de Israel: Mejorad vuestros caminos y vuestras obras, y os haré morar en este lugar. No confiéis en palabras de mentira, diciendo: Templo de Jehová, templo de Jehová, templo de Jehová es éste. Más si mejorareis cumplidamente vuestros caminos y vuestras obras; si con exactitud hiciereis justicia entre el hombre y su prójimo, y no oprimiereis al extranjero, al huérfano, y a la viuda, ni en este lugar derramareis la sangre inocente, ni anduviereis en pos de dioses ajenos para mal vuestro; entonces os haré morar en este lugar, en la tierra que di a vuestros padres para siempre" (Jer. 7:1-7).

En lugar de permitir que se cumpliera en ellos el gran propósito de Dios mediante el templo y sus servicios, lo que hicieron fue pervertir completamente ese propósito. En lugar de permitir que el templo y sus servicios, que Dios en su misericordia había establecido entre ellos, les enseñase la forma en cómo Él mismo en verdad habitaría entre ellos morando en sus corazones y santificando sus vidas, lo que hicieron fue excluir todo este verdadero propósito del templo y sus servicios, pervirtiéndolo totalmente al emplearlo como pretexto para sancionar la iniquidad más abyecta y encubrir la más profunda e insondable carencia de santidad.

Para un sistema tal, no existía otro remedio que la destrucción. En consecuencia, la ciudad fue sitiada y tomada por los paganos. El templo, su "casa de nuestro santuario y de nuestra gloria" fue destruida. Y habiéndose convertido la ciudad y el templo en un montón de ruinas ennegrecidas, el pueblo fue llevado cautivo a Babilonia, donde en su pesar y sentimiento profundo de inmensa pérdida, buscaron, encontraron y adoraron al Señor de tal forma que significó una reforma en sus vidas, que si lo hubieran hecho cuando el templo estaba de pie, éste habría permanecido para siempre (Sal. 137:1-6).

Dios sacó de Babilonia a un pueblo humilde y reformado. Su santo templo fue reedificado y sus servicios fueron restaurados. El pueblo nuevamente moro en su ciudad y en su tierra. Pero la apostasía volvió a suceder. El mismo curso se volvió a repetir, hasta que, cuando Jesús, el gran centro del templo y sus servicios, vino a los suyos, continuaba prevaleciendo el mismo viejo estado de cosas (Mat. 21:12 y 13; 23:13-32).

En sus corazones fueron capaces de asediarlo y perseguirlo hasta la muerte, sin embargo, externamente eran tan "santos" (?) que no podían cruzar el umbral de la sala de juicio de Pilato ¡"para no ser profanados"! (Juan 18:28).

Y el llamado del Señor al pueblo continuaba siendo el mismo que en lo antiguo: que debían ellos encontrar en sus propias vidas personales el significado del templo y sus servicios, y ser salvos así de la maldición que había perseguido a la nación a lo largo de su historia a causa del mismo gran error que ellos estaban repitiendo.

En consecuencia, un día en el templo Jesús dijo a la multitud allí presente: "Destruid este templo, y en tres días lo levantaré. Entonces dijeron los judíos: En cuarenta y seis años fue edificado este templo, ¿y tú lo levantarás en tres días? Pero Él hablaba del templo de su cuerpo" (Juan 2:19-21).

Cuando Jesús, *en el templo*, habló esas palabras a la gente, refiriéndose al "templo de su cuerpo", Él todavía se esforzaba, –como a lo largo de toda su historia– que pudiesen apercibirse de que el gran propósito del templo y sus servicios fue siempre que a través del ministerio y los servicios allí efectuados Dios pudiese andar y morar *en ellos mismos* del mismo modo en que Él moraba en el templo, haciendo santa su habitación en ellos mismos, lo mismo que su morada en el templo convertía ese lugar en santo. Así, al morar y andar Dios en ellos, sus cuerpos serían verdaderamente templos del Dios viviente (2ª Cor. 6:16; 1ª Cor. 3:16 y 17; Lev. 26:11 y 12; 2° Sam. 7:6 y 7).

Sin embargo, aún así no vieron esta verdad. No querían ser reformados. No querían que el propósito del santuario se cumpliera en ellos mismos: no deseaban que Dios morase en ellos. Rechazaron a Aquel que vino personalmente para mostrarles el verdadero propósito y el verdadero Camino. Por lo tanto, una vez más, no hubo otro remedio que la destrucción. Una vez más su ciudad fue tomada por los paganos. Una vez más, el templo, "casa de nuestro santuario y de nuestra gloria", fue pasado por el fuego. Una vez más fueron tomados cautivos y fueron para siempre dispersos, para andar "errantes entre las gentes" (Ose. 9:17).

Es preciso recalcar una vez más que el santuario terrenal, el templo con su ministerio y servicios *como tales*, no eran sino una figura del verdadero, que con *su* ministerio y servicios estaba entonces en el cielo.

Cuando a Moisés se le presentó por primera vez el concepto del santuario para los israelitas, el Señor le dijo: "Mira, dice, haz todas las cosas conforme al *modelo* que te ha sido mostrado en el monte" (Heb. 8:5; Éxo. 25:40; 26:30; 27:8). El santuario en la tierra era, pues, una figura del verdadero, en el sentido de ser una *representación* del verdadero. El ministerio y los servicios en el terrenal eran "figuras del verdadero", en el sentido de ser un "modelo" de lo verdadero, "las figuras de las cosas celestiales" (Heb. 9:23 y 24).

El verdadero santuario del que el terrenal era figura, el original del que este era modelo, existía ya entonces. Pero en las tinieblas y confusión de Egipto, Israel había perdido la clara noción de eso, lo mismo que de tantas otras cosas que habían estado claras para Abraham, Isaac y Jacob; y mediante esas lecciones objetivas Dios les proporcionaría el conocimiento del verdadero santuario. No era, por lo tanto, una figura en el sentido de ser el anticipo de algo que vendría y que no existía todavía; sino una figura en el sentido de ser una lección objetiva y *representación visible* de aquello que ya existía pero que era *invisible*, a fin de ejercitarlos en una experiencia de fe y verdadera espiritualidad que les capacitase para ver lo invisible.

Y por medio de todo ello Dios les estaba revelando, lo mismo que a todo el pueblo para siempre, que es por medio del sacerdocio, ministerio y servicio de Cristo en el santuario verdadero o templo celestial que Él mora entre los hombres. Les estaba revelando que en esta fe de Jesús se ministran a los hombres el perdón de los pecados y la expiación o reconciliación, de forma que Dios habite en ellos y ande en medio de ellos, siendo Él su Dios y ellos su pueblo; y son apartados así de toda la gente que puebla la faz de la tierra: y puedan así ser separados de todo el pueblo que está sobre la faz de la tierra, separados a Dios como Sus verdaderos hijos e hijas para ser edificados en perfección en el conocimiento de Dios (Éxo. 33:15 y 16; 2ª Cor. 6:16-18; 7:1).

Capítulo 12

Perfección

EL GRAN pensamiento y propósito del verdadero santuario, su sacerdocio y ministerio, es que Dios morará en el corazón del pueblo. Ahora, ¿cuál es el gran propósito de morar en los corazones del pueblo? La respuesta es: la perfección; la perfección moral y espiritual del adorador.

Consideremos esto: Al final del quinto capítulo de Hebreos, inmediatamente después de la declaración de que Cristo "habiendo sido hecho perfecto, vino a ser Autor de eterna salvación a todos los que le obedecen; y fue llamado de Dios Sumo Sacerdote según el orden de Melquisedec". Escrito está: "Por tanto", es decir, *como consecuencia de eso, por esa razón*, "dejando los rudimentos de la doctrina de Cristo, *vamos adelante a la perfección*" (Heb. 6:1).

Por consiguiente, se muestra que la perfección se alcanza sólo a través del sacerdocio de Melquisedec. Y se muestra que esto siempre fue así y que el sacerdocio levítico era sólo temporal y *tipo* del sacerdocio de Melquisedec. Después de esto, al analizar el sacerdocio levítico, vemos que escrito está: "Así que, si la perfección fuera por el sacerdocio levítico (porque bajo él recibió el pueblo la ley) ¿qué necesidad había aún de que se levantase otro sacerdote según el orden de Melquisedec, y que no fuese llamado según el orden de Aarón?" (Heb. 7:11). Y aún más en relación con eso mismo, "Porque la ley *nada perfeccionó*; mas lo *hizo* la introducción de mejor esperanza, por la cual nos acercamos a Dios" (vers. 19). Con estas Escrituras es perfectamente evidente que la perfección del adorador es lo que se ofrece y que se alcanza en el sacerdocio y el ministerio de Cristo.

Tampoco esto lo es todo en relación con este propósito. Porque tal como ya se ha dado la descripción del santuario y su servicio, se dice que, "Lo cual era figura de aquel tiempo presente, en el cual se presentaban ofrendas y sacrificios que *no podían hacer perfecto*, en cuanto a la conciencia, al que servía con ellos". Que nada de esto podría hacer *perfecto* al que servía. Por lo tanto, el gran tema y objetivo último del sacerdocio y ministerio de Cristo en el verdadero santuario es *hacer perfecto* a quien –por la fe– entra en el servicio.

El servicio terrenal "no podía hacer perfecto, en cuanto a la conciencia, al que servía". "Más estando ya presente Cristo, Sumo Sacerdote de los bienes que habían de venir, por el más amplio y más perfecto tabernáculo, no hecho de manos, es decir, no de esta creación; y no por sangre de machos cabríos ni de becerros, sino por su propia sangre, entró una sola vez en el lugar santísimo, habiendo *obtenido para nosotros eterna redención*" (Heb. 9:11 y 12). Este santuario, sacerdocio, sacrificio y ministerio de Cristo, *hace perfecto* en *eterna redención* a todo aquel que por la fe entra en su servicio, recibiendo así lo que ese servicio tiene por fin proveer.

"Porque si la sangre de los toros y de los machos cabríos, y las cenizas de una becerra, rociadas a los inmundos santifican para la purificación de la carne, *¿cuánto más* la sangre de Cristo, el cual mediante el Espíritu eterno se ofreció a sí mismo sin mancha a Dios, *limpiará vuestras conciencias* de obras muertas para que sirváis al Dios vivo?". La sangre de los toros y de los machos cabríos, y las cenizas de una becerra, rociadas a los inmundos en el servicio levítico del santuario terrenal, *santificaba* para la purificación de la carne, por lo que la palabra continuamente lo declara. Y dado que eso es así, "*¿cuánto más* la *sangre de Cristo*, el cual mediante el Espíritu eterno se ofreció a sí mismo sin mancha a Dios", santifica para purificación *del espíritu* y "limpiará vuestras conciencias de obras muertas para que sirváis al Dios vivo?

¿Cuáles son las obras de muerte? La propia muerte es consecuencia del pecado. Por lo tanto, las obras de muerte son aquellas que llevan el pecado en sí mismas. Por lo tanto, limpiar las conciencias de las obras de muerte consiste en la total purificación del alma –purificación de pecado– por la sangre de Cristo, por medio del Espíritu eterno, para que en la vida y obras del creyente en Jesús no haya ningún lugar para el pecado; las obras serán solamente obras de fe, y la vida será sola una vida de fe; y así será sólo el verdadero y puro "servicio del Dios viviente".

La Escritura continúa así: "Porque la ley, teniendo la sombra de los bienes venideros, no la imagen misma de las cosas, *nunca puede, por los mismos sacrificios* que se ofrecen continuamente cada año, *hacer perfectos a los que se acercan*. De otra manera cesarían de ofrecerse, ya que los adoradores, limpios una vez, *no tendrían más conciencia de pecado*. Pero en estos sacrificios cada año se hace memoria de los pecados. Porque la sangre de los toros y de los machos cabríos *no puede quitar los pecados*" (Heb. 10:1-4).

Una vez más vemos que si bien el objetivo de todo el ministerio efectuado bajo la ley era la *perfección*, ésta no se lograba por la realización de aquel ministerio bajo la ley. Todo ello no era sino una figura de aquel tiempo presente, una figura del ministerio y sacerdocio por el cual *se obtiene* la perfección, ese es el ministerio y sacerdocio de Cristo. Esos sacrificios no podían convertir en perfectos a los que se allegaban.

El verdadero sacrificio y el verdadero ministerio "del santuario y de aquel verdadero tabernáculo" hace *perfectos* a quienes se allegan a él: y esta perfección consiste en que los adoradores tengan "no más conciencia de pecados".

Pero dado que la sangre de machos cabríos y de becerros "no puede quitar los pecados", *no era posible* –aunque esos sacrificios se ofreciesen año tras año continuamente– *purificar a los adoradores* hasta el punto de que *no tuviesen más conciencia de pecado*. La sangre de los toros y de los machos cabríos, y la ceniza de la becerra rociada a los inmundos, santificaba para la purificación de la carne, pero solamente de la carne; e incluso eso no era más que "figura de aquel tiempo presente" de "la sangre de Cristo" que *tanto más* purificará a los adoradores, de forma que *no tengan más conciencia de pecados*.

Perfección

"Por lo cual, entrando en el mundo, dice: Sacrificio y ofrenda no quisiste; Mas me preparaste cuerpo: Holocaustos y sacrificios por el pecado no te agradaron. Entonces dije: He aquí que vengo (en la cabecera del libro está escrito de mí) para hacer, oh Dios, tu voluntad... *Quita lo primero, para establecer lo postrero*" (Heb. 10:5-9).

Se mencionan aquí dos cosas: lo "primero" y lo "postrero". ¿Cuáles son estas dos cosas? ¿Qué es lo primero, y qué lo postrero? Las dos cosas mencionadas son: (1) sacrificio, ofrenda, ofrendas quemadas y ofrenda por el pecado, todo como uno, de acuerdo a la voluntad de Dios. (2) "tu voluntad" (la voluntad de Dios), que es "lo postrero". "Quita lo primero, para establecer lo postrero"; es decir, quitó el sacrificio, ofrenda, ofrendas quemadas y ofrenda por el pecado, a fin de establecer *la voluntad de Dios*. Y "la voluntad de Dios es vuestra santificación" y vuestra perfección (1ª Tes. 4:3; Mat. 5:48; Efe. 4:8, 12 y 13; Heb. 13:20 y 21). Pero esto nunca se pudo obtener mediante los sacrificios, ofrendas, ofrendas quemadas y ofrenda por el pecado de las cuales fueron ofrecidos bajo el sacerdocio levítico. Éstos no podían purgar a los adoradores a fin de que no tuvieran más conciencia de pecado, por la razón de que la sangre de toros y machos cabríos no puede quitar el pecado.

Por lo tanto, puesto que la voluntad de Dios es la santificación y la perfección de los adoradores, desde que la voluntad de Dios es eso que sus adoradores sean de tal modo purificados que no tengan más conciencia de pecado, y dado que el servicio y ofrendas del santuario terrenal no podían lograrlo, Él quitó todo eso, para establecer la voluntad de Dios. "En *esa voluntad nosotros somos santificados*, mediante la ofrenda del cuerpo de Jesucristo hecha una sola vez".

"La voluntad de Dios es vuestra santificación". La santificación es la verdadera observancia de todos los mandamientos de Dios. En otras palabras, el designio de Dios con respecto al hombre es que su divina voluntad halle en él perfecto cumplimiento. La voluntad de Dios está expresada en la ley de los diez mandamientos, que "es el todo del hombre". Esta ley es perfecta, y la perfección de carácter es la perfecta expresión de esa ley en la vida del que adora a Dios. Por esa ley es el conocimiento del pecado, y todos pecaron, estando destituidos de la gloria de Dios. Están destituidos de su carácter perfecto.

Los sacrificios y el servicio del santuario terrenal no podían quitar los pecados del hombre, por lo tanto, no podían llevarle a esa perfección. Pero el sacrificio y ministerio del verdadero Sumo Sacerdote del santuario y verdadero tabernáculo, *sí lo hacen*. Quitan completamente todo pecado. Y el adorador es tan verdaderamente purgado que no tiene más conciencia de pecados. Mediante el sacrificio, la ofrenda y el servicio de sí mismo, Cristo abolió los sacrificios y las ofrendas y servicio que nunca podían quitar los pecados, y por su perfecto cumplimiento de la perfecta voluntad de Dios, Él estableció la voluntad de Dios. "En esa voluntad nosotros *somos* santificados, mediante la ofrenda del cuerpo de Jesucristo hecha una sola vez" (Heb. 10:10).

En ese primer santuario y servicio terrenales, "todo sacerdote se presenta cada día ministrando y ofreciendo muchas veces los mismos sacrificios, que *nunca pueden quitar los pecados*". Pero en el servicio del santuario y verdadero tabernáculo, Cristo, "habiendo ofrecido por los pecados un solo sacrificio para siempre, se ha sentado a la diestra de Dios, de aquí en adelante esperando hasta que sus enemigos sean puestos por estrado de sus pies. Porque con *una sola ofrenda hizo perfectos para siempre* a los santificados" (Heb. 10:11-14).

Esta perfección se logra a todo respecto mediante el sacrificio y sacerdocio y del servicio de nuestro gran Sumo Sacerdote a la diestra del trono de la Majestad en los cielos, ministrando en el santuario y verdadero tabernáculo que el Señor estableció, y no el hombre. "Y el *Espíritu Santo también nos da testimonio*; porque después que había dicho: Éste es el pacto que haré con ellos: Después de aquellos días, dice el Señor: Daré mis leyes en sus corazones, y en sus mentes las escribiré; y nunca más me acordaré de sus pecados e iniquidades. Pues donde hay remisión de éstos, no hay más ofrenda por el pecado" (Heb. 10:15-18).

Y ese es el "camino nuevo y vivo" que "por su carne", Cristo nos consagró. Lo consagró para toda la raza humana. Y por él [camino] puede entrar toda alma hasta el santo de los santos –el más santo de todos los lugares, la más santa de todas las experiencias, la más santa de todas las relaciones, la vida más santa–. Este camino nuevo y vivo que "ha consagrado para nosotros a través de la carne; es decir, Él, viniendo en la carne, identificándose con la humanidad en la carne, ha consagrado, para nosotros que estamos en esta carne, un camino desde donde estamos ahora, a la derecha del trono de la Majestad en los cielos en el santo de los santos. Viniendo en la carne –habiendo sido hecho en todas las cosas como nosotros, y habiendo sido tentado en todo punto como lo somos nosotros–, se identificó con toda alma humana, precisamente en la situación actual de ésta. Y desde el lugar en que esa alma se encuentra, consagró para ella un camino nuevo y vivo a través de las vicisitudes y experiencias de toda una vida, incluida la muerte y la tumba hasta el santo de los santos, para siempre a la diestra de Dios.

¡Oh, qué camino consagrado, consagrado por Sus tentaciones y Sus sufrimientos, por Sus ruegos y súplicas con gran clamor y lágrimas, por Su vida santa y Su muerte sacrificial, por Su victoriosa resurrección y gloriosa ascensión, y por Su triunfante entrada en el santo de los santos, a la derecha del trono de la Majestad en los cielos!

Y este "camino" lo consagró para *nosotros*. Habiéndose hecho uno de nosotros, hizo de este camino *el nuestro*; nos pertenece. Ha otorgado a toda alma el divino *derecho* de caminar por ese camino consagrado; y habiéndolo recorrido Él mismo en la carne –en nuestra carne–, lo ha hecho posible, si, se nos ha dado la seguridad de que todo ser humano *puede* andar por él, en todo lo que ese camino significa; y por él acceder plena y libremente al santo de los santos.

Él, como uno de nosotros, en nuestra naturaleza humana, débil como nosotros, cargado con los pecados del mundo, en nuestra carne pecaminosa, en este mundo, durante toda una vida, vivió una vida, "santo, inocente, limpio, apartado de los pecadores" y "hecho más sublime que los cielos". Y así constituyó y consagró un camino por el cual, *en Él*, todo creyente puede, en este mundo y durante toda la vida, vivir una vida santa, inocente, limpia, apartada de los pecadores, y como consecuencia ser hecho con Él más sublime que los cielos.

La *perfección*, la perfección del carácter, es la meta cristiana –perfección lograda en carne humana en este mundo. Cristo la logró en carne humana en este mundo, constituyendo y consagrando así un camino por el cual, *en Él*, todo creyente pueda lograrla. Él, habiéndola obtenido, vino a ser nuestro gran Sumo Sacerdote en el sacerdocio del verdadero santuario, para que nosotros la podamos obtener.

El objetivo del cristiano es la perfección. El ministerio y sumo sacerdocio de Cristo en el verdadero santuario es el único camino por el que toda alma puede alcanzar ese verdadero propósito, en este mundo. "Tu camino, oh Dios, está en tu santuario" (Sal. 77:13, versión K.J.).

"Así que, hermanos, teniendo libertad para entrar en el lugar santísimo por la sangre de Jesús, por el camino nuevo y vivo que Él nos consagró a través del velo, esto es, por su carne; y teniendo un gran sacerdote sobre la casa de Dios, *acerquémonos con corazón sincero, en plena certidumbre de fe*, purificados los corazones de mala conciencia, y lavados los cuerpos con agua pura". Y "Mantengamos firme, sin fluctuar, la profesión de nuestra fe; que fiel es el que prometió" (Heb. 10:19-23).

"Porque *no os habéis acercado* al monte que se podía tocar, que ardía con fuego, y al turbión, y a la oscuridad, y a la tempestad, y al sonido de la trompeta, y a la voz que les hablaba, la cual los que la oyeron rogaron que no se les hablase más… sino que os habéis acercado al monte de Sión, y a la ciudad del Dios vivo, la Jerusalén celestial, y a una compañía innumerable de ángeles, a la congregación general e iglesia de los *primogénitos* que están inscritos en el cielo, y a Dios el Juez de todos, y a los espíritus de los justos hechos perfectos, y a *Jesús* el Mediador del nuevo pacto, y a la *sangre del rociamiento que habla mejor* que la de Abel". Por lo tanto "mirad que no desechéis al que habla. Porque si no escaparon aquellos que desecharon al que hablaba en la tierra, mucho menos nosotros, si desecháramos al que habla desde el cielo" (Heb. 12:18-25).

Capítulo 13

La transgresión y la abominación desoladora

Tal es el sacrificio, sacerdocio y ministerio de Cristo en el santuario y verdadero tabernáculo que el Señor asentó, y no el hombre. Tal es la constatación *en el libro de Hebreos* sobre la verdad, mérito y eficacia del sacrificio, sacerdocio, santuario y ministerio de Cristo.

Pero no es solamente en el libro de Hebreos donde encontramos esa gran verdad.

Si bien en ningún otro lugar se la enuncia de forma tan directa, ni se expone de una forma tan plena como en el libro de Hebreos, podemos reconocerla a lo largo de todo el Nuevo Testamento tan ciertamente como el santuario y ministerio del sacerdocio levítico es reconocido todo el Antiguo Testamento, aunque no esté enunciado de forma tan directa, ni se halle tan plenamente expuesto como en los libros de Éxodo y Levítico.

En el último libro del Nuevo Testamento, ya en su primer capítulo, hace aparición "uno semejante al Hijo del hombre" vestido de ropas sumo sacerdotales. Asimismo, en medio del trono y de los querubines y de los ancianos se vio "un Cordero como había sido herido". También fue visto un altar de oro, y uno con un incensario de oro, que, son las oraciones de los santos ascendiendo ante Dios mezcladas con el humo del incienso ofrecido. Allí aparecen las siete lámparas de fuego ardiendo delante del trono. Ahí fue visto el templo de Dios en el cielo, "y el arca de su testamento fue vista en su templo".

Entonces se declara y promete que los que tienen parte en la primera resurrección, aquellos sobre quienes no tiene potestad la segunda muerte, "serán sacerdotes de Dios y de Cristo, y reinarán con Él mil años" en ese sacerdocio. Y cuando el primer cielo y la primera tierra hayan fallecido y no se encuentre lugar más para ellos, y el nuevo cielo y la nueva tierra habrán sido traídos, con la ciudad santa descendiendo del cielo de Dios, el tabernáculo de Dios estando con los hombres, morando con ellos como Su pueblo y Dios mismo con ellos como su Dios; cuando haya borrado todas las lágrimas de sus ojos y no habrá más muerte, ni clamor ni llanto, ni más dolor, y porque las cosas anteriores habrán fallecido ya; entonces, y no hasta entonces, se declara de la ciudad de Dios: "Y no vi templo en ella"

Por lo tanto, es igual de seguro que hay un sacerdocio, un ministerio sacerdotal, y un santuario en esta dispensación, como lo fue en la antigüedad: sí, incluso más cierto; ya que, aunque existía un santuario, sacerdocio y ministerio en la antigua dispensación, no eran más que una figura para aquel tiempo presente, una figura del que ahora es el verdadero, y que está en el cielo.

Ese verdadero sacerdocio, ministerio y santuario de Cristo en el cielo, aparecen tan claramente en el Nuevo Testamento, que nadie puede negarlos. Sin embargo, frente a todo esto, es una cosa que casi nunca se piensa; es algo casi desconocido e incluso apenas se cree en el mundo cristiano hoy en día

¿Por qué sucede eso y cómo se ha llegado ahí? Existe una causa. La Escritura la señala y los hechos la demuestran.

El capítulo 7 del libro de Daniel describe al profeta contemplando en visión a los cuatro vientos del cielo que combatían en la gran mar; "Y cuatro grandes bestias, diferentes la una de la otra, subían de la mar. La primera era como león, y tenía alas de águila". Que simbolizaba el imperio mundial de Babilonia. La segunda era como un oso que se inclinaba de un lado, teniendo tres costillas en su boca, y simbolizaba el imperio conjunto de Medo-Persia. La tercera era semejante a un leopardo, que tenía cuatro cabezas y cuatro alas de ave, que simbolizaba el imperio mundial de Grecia bajo Alejandro Magno.

La cuarta bestia era "espantosa y terrible, y en grande manera fuerte, la cual tenía unos dientes grandes de hierro: devoraba y desmenuzaba, y las sobras hollaba con sus pies: y era muy diferente de todas las bestias que habían sido antes de ella, y tenía diez cuernos". Esa cuarta bestia simbolizaba el imperio mundial de Roma, diferente de todos cuantos la precedieron, pues originalmente no era una monarquía o reino, sino una república. Los diez cuernos simbolizan los diez reinos que se establecieron en la parte occidental del imperio de Roma, tras la desintegración del mismo.

El profeta dice entonces: "Estando yo contemplando los [diez] cuernos, he aquí que otro cuerno pequeño subía entre ellos, y delante de él fueron arrancados desde la raíz tres cuernos de los primeros; y he aquí en este cuerno había ojos como ojos de hombre, y una boca que hablaba grandezas". El profeta contemplaba y consideraba este cuerno pequeño hasta que "el tribunal se sentó en juicio, y los libros fueron abiertos". Y cuando se estableció ese juicio y se abrieron los libros, dice: "*Entonces* [en ese tiempo] miré a causa de las palabras tan arrogantes que hablaba el cuerno. Miré hasta que mataron a la bestia, y su cuerpo fue deshecho y entregado para ser quemado en el fuego".

Obsérvese el notable cambio en la expresión de esta última afirmación. El profeta contempló el cuerno pequeño desde su aparición, hasta el momento en el que "el tribunal se sentó en juicio, y los libros fueron abiertos". Daniel contempló el cuerno pequeño *en ese momento*; y muy *particularmente* "a causa de las palabras tan arrogantes que hablaba el cuerno". Y continuó contemplando esa misma escena –referente al mismo cuerno pequeño– hasta el final, hasta su destrucción. Pero cuando está llega, la expresión que describe su destrucción no es que el *cuerno pequeño* fuese quebrado o destruido, sino que "mataron a la *bestia*, y *su* cuerpo fue deshecho y entregado para ser quemado en el fuego".

Eso demuestra que el cuerno pequeño es otra fase de esa misma cuarta bestia, la bestia espantosa y terrible de la que el cuerno pequeño no es más que una continuación de ella, en su mismo espíritu, disposición y propósito, solamente que en otra faceta. Y así como aquel cuarto imperio mundial, esa bestia espantosa y terrible en su forma primitiva, era Roma; así también el cuerno pequeño, en sus hechos, no es sino la continuación de Roma: el espíritu y los hechos de Roma, en la forma que es propia de éste.

La explicación de esto, dada en el mismo capítulo, confirma lo que se ha dado anteriormente. En efecto, se dice del cuerno pequeño que es "diferente de los primeros", que "hablará palabras contra el Altísimo, a los santos del Altísimo quebrantará, y tratará de cambiar los tiempos y la ley". Leemos también: "Y veía yo que este cuerno hacía guerra contra los santos, y los vencía, hasta tanto que vino el Anciano de días, y se dio el juicio a los santos del Altísimo; y vino el tiempo, y los santos poseyeron el reino". Todo lo anterior es cierto, y constituye la descripción de la postrera Roma.

Y todo esto es confirmada por la propia Roma postrera. El papa León el Grande ejerció desde el año 440 al 461, el período preciso en el que la primera Roma vivía sus últimos días, precipitándose rápidamente hacia la ruina.

El mismo León el Grande dijo en un sermón que la primera Roma no era más que la promesa de la Roma postrera; que las glorias de la primera habrían de reproducirse en la Roma católica; que Rómulo y Remo no eran sino los precursores de Pedro y Pablo; los sucesores de Rómulo eran, de esa forma, precursores de los sucesores de Pedro; y de igual manera en que la primera Roma había dominado el mundo, lo habría de dominar la postrera, por la sede del santo bendito Pedro como cabeza del mundo. El papado no abandonó jamás esa concepción de León el Grande. Y cuando, escasamente quince años después, el imperio romano había perecido como tal y sólo el papado sobrevivió a la ruina, asentándose firmemente y fortaleciéndose en Roma, esa concepción de León no hizo más que afirmarse y ser más abiertamente sostenida y proclamada.

Tal concepción se fue también desarrollando intencionada y sistemáticamente. Las Escrituras se examinaron con detenimiento, y se pervirtieron ingeniosamente a fin de sostener esa idea. Mediante una aplicación espuria del sistema levítico del Antiguo Testamento, así la autoridad y eternidad del sacerdocio romano había quedado prácticamente establecida. Y ahora, mediante deducciones perversas "a partir del Nuevo Testamento, se estableció la autoridad y eternidad de la propia Roma".

Considerándose a sí mismo como la única continuación de la Roma original, el papado tomó la posición de que allí donde el Nuevo Testamento cite o se refiera a la autoridad de la Roma original, se aplica en realidad a él mismo, porque ella se autoproclama como la verdadera y única continuación de ésta.

En consecuencia, cuando el Nuevo Testamento encomienda sumisión "la autoridad", o a obedecer "a los gobernadores", debe referirse al papado. La razón es que la única autoridad y los únicos gobernadores que por entonces había, eran los romanos, y el poder papal es el único verdadero continuador del romano.

"Se tomó todo texto que contuviese un imperativo a someterse a las potestades; todo pasaje en el que se ordenase obedecer a las autoridades de la nación, llamando especialmente la atención al hecho de que el mismo Cristo sancionó el dominio romano al pacificar el mundo a través de Augusto, al nacer en una época en la que se pagaban tributos, como los que Él mismo pagó al César, y al decir a Pilato: 'ninguna potestad tendrías contra mí, si no te fuese dado de arriba'". (*Bryce*). Y puesto que Cristo reconoció la autoridad de Pilato, que no era sino representante de Roma, ¡quién se atreverá a desdeñar la autoridad del papado, auténtica continuación de esa autoridad a la que el mismo Señor del cielo se sometió!

Y no fue sino una culminación lógica de esa pretensión, lo que llevó al papa Bonifacio VIII a presentarse a sí mismo ante la multitud vestido de armadura, con un casco en la cabeza y blandiendo una espada, para proclamar: "No hay otro César, rey ni emperador, sino yo, el soberano Pontífice y sucesor de los apóstoles". Y posteriormente declaró, hablando *ex catedra*: "Por lo tanto, aseveramos, establecemos y proclamamos que es necesario para la salvación creer que todo ser humano está sujeto al Pontífice de Roma".

Eso prueba suficientemente que el cuerno pequeño del capítulo 7 de Daniel es la Roma papal, y que es intencionadamente, en espíritu y propósito, la continuación de la Roma original.

Ahora, en el capítulo 8 de Daniel se vuelve al mismo tema. El profeta ve primeramente en visión un carnero con dos cuernos prominentes, siendo uno mayor que el otro en correspondencia con la bestia semejante a un oso, que se inclinaba hacia un lado. Esto es declarado claramente por el ángel que significa, "los reyes de Media y de Persia". A continuación, el profeta vio un "macho de cabrío" que venía del oeste sobre la haz de toda la tierra, sin tocar el suelo, y con un cuerno notable entre sus ojos. Este último abatió al carnero, quebró sus dos cuernos, lo echó por tierra y lo pisoteó, y no hubo quien pudiese librar al carnero de su mano. El ángel declaró que "el macho cabrío es el rey de Grecia, y el cuerno grande que tenía entre sus ojos es el primer rey". El macho cabrío se engrandeció mucho, y estando en su mayor fuerza, aquel gran cuerno fue quebrado, y en su lugar subieron otros cuatro notables hacia los cuatro vientos del cielo. El ángel explica que eso "significa que cuatro reinos sucederán de la nación, mas no en la fortaleza de él [Alejandro]".

A partir de una de esas cuatro divisiones del imperio de Alejandro Magno, el profeta vio cómo "uno de ellos salió un *cuerno pequeño*, el cual creció mucho al sur, y al oriente, y hacia la tierra gloriosa".

Las citadas referencias geográficas indican que ese poder surgió y creció mucho, *a partir del este.*

Según explica el ángel, eso significa que "al fin del reinado de éstos [las cuatro divisiones de Grecia], cuando los transgresores hayan llegado a su colmo, se levantará un rey altivo de rostro, y entendido en enigmas". "Y se engrandeció hasta el ejército del cielo; y parte del ejército y de las estrellas echó por tierra, y las pisoteó". "Y su poder se fortalecerá, mas no por su propio poder, y destruirá maravillosamente, y prosperará; y hará arbitrariamente, y destruirá a los fuertes y al pueblo de los santos. Y con su sagacidad hará prosperar el engaño en su mano; y en su corazón se engrandecerá, y con paz destruirá a muchos; y contra el Príncipe de los príncipes ['aun contra el príncipe de la fortaleza se engrandeció', vers. 11] se levantará; mas sin mano será quebrantado.

Esas especificaciones muestran que el cuerno pequeño del capítulo octavo de Daniel representa a Roma desde que ésta surgió, tras la destrucción del imperio griego, hasta el fin del mundo, cuando "*sin mano* será quebrantado" por aquella piedra que fue cortada "*no con mano*", la que desmenuza todos los reinos terrenales (Dan. 2:34, 35, 44 y 45).

Hemos visto que en el capítulo 7 de Daniel, el cuerno pequeño, si bien representando *como tal* solamente la postrera fase de Roma, incluye en realidad a Roma en ambas fases, desde el principio al fin, puesto que al llegar el momento de la destrucción del "*cuerno pequeño*" resulta ser "*la bestia*" quien es destruida, "y su cuerpo fue deshecho, y entregado para ser quemado en el fuego". Así, el tema con el que acaba la historia del cuerno pequeño, en Daniel 7, encuentra su continuación en Daniel 8 en referencia al mismo poder. En Daniel 8 la expresión "cuerno pequeño" abarca la totalidad de Roma *en sus dos fases*, justamente como indica la descripción final del "cuerno pequeño" en Daniel 7. Así lo demuestran las expresiones "la abominación desoladora" y "la prevaricación" aplicadas a Roma en sus dos fases (Dan. 9:26 y 27; Mat. 24:15; Dan. 11:31; 12:11; 8:11 y 13); y tal como confirma la enseñanza e historia de la propia Roma postrera. Forma una unidad, de tal manera que todo cuanto se declara de la primera Roma, es cierto de la postrera, sólo que *intensificado*.

Consideremos ahora con más detenimiento las expresiones bíblicas de Daniel 8, en relación con el poder del cuerno pequeño. En los versículos 11 y 25 se dice de ese poder: "en su corazón se engrandecerá", "aun contra el príncipe de la fortaleza se engrandeció", "y contra el Príncipe de los príncipes se levantará". Eso se explica en 2ª Tesalonicenses capítulo 2, donde Pablo, al corregir las impresiones equivocadas que los tesalonicenses habían recibido en cuanto a la venida inmediata del Señor, dice: "Nadie os engañe en ninguna manera, porque ese día no vendrá sin que antes venga la apostasía, y se manifieste el hombre de pecado, el hijo de perdición, que *se opondrá* y *exaltará* contra todo lo que se llama Dios, el cual se *opone* y se *exalta* contra todo lo que se llama Dios o *es adorado*; tanto que como Dios se sienta en el templo de Dios, haciéndose pasar por Dios. ¿No os acordáis que cuando estaba todavía con vosotros, os decía esto?" (2ª Tes. 2:3-5).

Ese pasaje describe claramente el mismo poder que en Daniel 8 se representa por el cuerno pequeño. Pero hay otras consideraciones que lo muestran más plenamente. Pablo afirma que cuando estuvo en Tesalónica con los hermanos, les había ya *dicho* esas cosas que ahora *escribía*. En Hechos 17:1-3 está registrada la estancia de Pablo con los Tesalonicenses en los siguientes términos: "Y pasando por Amfípolis y Apolonia, llegaron a Tesalónica, donde había una sinagoga de los judíos. Y Pablo, como acostumbraba, fue a ellos, y por tres sábados razonó con ellos de las Escrituras". Y en ese razonar con ellos de las Escrituras, les explicó lo que debía acontecer en cuanto a la manifestación del hombre de pecado, el misterio de iniquidad, el hijo de perdición, que se opondría y exaltaría asimismo contra todo lo que se llama Dios, o que se adora; hasta sentarse en el templo de Dios, como Dios, haciéndose pasar por Dios.

Razonando con el pueblo sobre las Escrituras, ¿en qué parte de dichas Escrituras debió encontrar Pablo la revelación a partir de la cual pudo enseñar todo eso a los tesalonicenses? Sin duda lo encontró en este capítulo octavo de Daniel, y fue a partir de ahí que les habló, estando aun con ellos. Efectivamente, en Daniel 8 encontramos las mismas expresiones que emplea en 2ª Tesalonicenses, añadiendo, "¿no os acordáis que cuando estaba todavía con vosotros, os decía esto?" Eso determina que el tiempo sería *después de los días de los apóstoles*, cuando Roma se exaltó a sí misma "aun contra el Príncipe del ejército" y "contra el Príncipe de los príncipes", y lo relaciona directamente con la caída o apostasía que experimentó el papado, que es Roma en su posterior y última fase.

Ahora leamos los versículos 11 y 12 de Daniel 8, y veremos claramente que ese debió ser exactamente el lugar en el que Pablo encontró la escritura a partir de la que enseñó a los tesalonicenses acerca del "hombre de pecado" y "el misterio de iniquidad". "Aun contra el príncipe de la fortaleza se engrandeció, y por él fue quitado el continuo sacrificio, y *el lugar de su santuario fue echado por tierra. Y el ejército le fue entregado a causa de la prevaricación sobre el continuo sacrificio; y echó por tierra la verdad, e hizo cuanto quiso, y prosperó*".

Esto señala claramente que quitó el sacerdocio, el ministerio y el santuario de Dios y del cristianismo.

Leámoslo de nuevo: "Aun contra el príncipe [el cuerno pequeño, el hombre de pecado] de la fortaleza ['contra el Príncipe de los príncipes': Cristo] se engrandeció, y por él [el hombre de pecado] fue quitado el continuo sacrificio [el servicio diario, ministerio y sacerdocio de Cristo]; y el lugar de su santuario [el santuario del Príncipe del ejército, del Príncipe de príncipes –Cristo] fue echado por tierra. Y el ejército le fue entregado a causa de la prevaricación sobre el continuo sacrificio; y echó por tierra la verdad, e hizo cuanto quiso, y prosperó".

Es "a causa de la prevaricación" o transgresión; es decir, a causa del pecado, que este poder le fue entregado "el ejército" (la hueste) y que echó por tierra la verdad, con el propósito de apartar a la iglesia y al mundo del sacerdocio de Cristo, de su ministerio y su santuario, echar éstos por tierra y pisotearlos. Fue por razón de la transgresión que esto se logró. Transgresión es pecado, y esa es la consideración o revelación sobre la que el apóstol Pablo, en 2ª Tesalonicenses, define ese poder como el "hombre de pecado" y el "misterio de iniquidad".

En Daniel 8:11-13; 11:31 y 12:11, algunos traductores de la Biblia añadieron la palabra "*sacrificio*", que no figura en el original, tras el término "continuo" o "diario". El "continuo" o "diario" –correspondiente al original hebreo *tamid*– no se refiere aquí al *sacrificio* diario o continuo en particular, sino a todo el ministerio o servicio continuo (o diario) del santuario, del que el sacrificio no era más que una parte. La palabra *tamid* significa "continuo", "constante", "estable", "seguro", "permanente", "por siempre". Tales expresiones dan la idea exacta del término del original, que se suela traducir como "diario" o "continuo". Solamente en los capítulos 28 y 29 de Números, se emplea ese término diecisiete veces en referencia al *servicio continuo en el santuario*.

Y es ese servicio continuo de Cristo, auténtico Sumo Sacerdote, el que "permanece *para siempre*", "hecho perfecto *para siempre*", ostentando "un sacerdocio inmutable"; es ese *servicio continuo* de nuestro gran Sumo Sacerdote el que *quitó* el hombre de pecado, el papado. Es el santuario y el verdadero tabernáculo en el que el genuino Sumo Sacerdote ejerce su *ministerio continuo*, el que "la prevaricación asoladora" echó por tierra. Es ese ministerio y santuario el que "el hombre de pecado" eliminó de la iglesia y del mundo, echándolo por tierra y pisoteándolo, y poniéndose a sí mismo –"la abominación desoladora"– en el lugar de ellos. Lo que hizo la primera Roma materialmente al santuario visible o terrestre, que era –"figura del verdadero"– (Dan. 9:26 y 27; Mat. 24:15), es lo que hizo la Roma postrera, espiritualmente, al santuario invisible o celestial, que es el verdadero (Dan. 11:31; 12:11; 8:11 y 13).

La cita que aparece al pie de la página 67 muestra que, en la apostasía, los obispos, presbíteros, diáconos y las eucaristías, debían suceder a los sumo sacerdotes, sacerdotes, levitas y sacrificios del sistema levítico. Ahora bien, por cada evidencia en las Escrituras queda patente que el *designio de Dios* es que Cristo, su ministerio y santuario en el cielo y solamente este, –verdadero objeto del sistema levítico–, fuese la exclusiva y auténtica sucesión cristiana a ese sistema levítico. Por lo tanto, cuando en la apostasía, a modo de sucesión del sistema levítico, se instituyó el sistema de los obispos en lugar de los sumo sacerdotes, presbíteros en lugar de sacerdotes, diáconos en lugar de levitas y la santa cena como sacrificio, en realidad al introducir ese sistema como sucesión cristiana del levítico, no se hizo otra cosa que establecer ese falso sistema de la apostasía en lugar del verdadero, anulando éste completamente, lo que significa echarlo por tierra y pisotearlo.

Y es así como esa gran verdad cristiana del auténtico sacerdocio, ministerio y santuario de Cristo, resulta prácticamente desconocida para el mundo cristiano de hoy día. El "hombre de pecado" la ha quitado, echado por tierra y pisoteado. El "misterio de iniquidad" ha ocultado esa gran verdad de la iglesia y el mundo durante todos estos años, en el que el hombre del pecado ha tenido lugar en el mundo y se ha pasado por Dios y su hueste inicua el de la iglesia de Dios.

No obstante, el propio "hombre de pecado", el "misterio de iniquidad" da testimonio de la necesidad de un servicio tal en la iglesia, a causa de los pecados. Si bien "el hombre de pecado", "el misterio de iniquidad" ha quitado el verdadero sacerdocio, ministerio y santuario de Cristo, y los ha echado por tierra, y pisoteado y ocultó completamente de la vista del mundo cristiano, sin embargo, no desechó la *idea* en su totalidad. No: quitó *el verdadero* y lo echó por tierra, pero *reteniendo la idea*, y estableció en su propio seno una estructura totalmente falsa en lugar de la verdadera.

Cristo, verdadero y divino Sumo Sacerdote por designio del propio Dios en el cielo, fue sustituido por un sacerdocio humano, pecaminoso y pecador en la tierra. En lugar del ministerio *continuo* y celestial de Cristo en su verdadero sacerdocio, basado en su verdadero sacrificio, lo estableció en un ministerio *discontinuo* y terrenal mediante un sacerdocio pecaminoso y pecador, en el sacrificio "diario" de la misa (ofrecida una vez al día). Y en lugar del santuario y de aquel verdadero tabernáculo que el Señor levantó, y no el hombre, estableció sus propios lugares de reunión, construidos en piedra y madera, y dándoles el nombre de "santuario". Así, en lugar del continuo Sumo Sacerdote, del continuo ministerio y del continuo sacerdocio *celestiales* que Dios ordenó, y que son los únicos verdaderos, el diseñó invención de su propio corazón y sustituyó a la única verdad, para sustituir al anterior, muchos sumo sacerdotes, ministerios, sacrificios y santuarios *en la tierra*, que en el mejor de los casos no pasan de ser humanos y colmo de la falsificación.

Y *nunca pueden quitar los pecados*. Ningún sacerdocio, ministerio, servicio o sacrificio terrenales, en ningún santuario terrenal, pueden jamás quitar el pecado. Hemos visto en Hebreos que ni siquiera el ministerio, sacerdocio, sacrificio y servicio del santuario terrenal

–el que el mismo Señor estableció en la tierra– podía quitar el pecado. El registro inspirado nos dice que ellos *nunca* quitaban el pecado, y que *nunca podía* hacerlo.

Únicamente el sacerdocio y ministerio de Cristo pueden quitar el pecado. Y este es el sacerdocio y ministerio *celestial*; pertenecen a un santuario *celestial*. Porque cuando Cristo estuvo en la tierra, no era sacerdote. Y si hubiese permanecido en ella hasta nuestros días, tampoco lo sería. Según Hebreos 8:4, "si estuviese sobre la tierra, ni aun sería sacerdote". Así, por claro precepto y abundante ilustración, Dios demostró que ningún ministerio, sacerdocio ni sacrificio terrenales pueden quitar el pecado.

Si es que alguno pudiese hacerlo, ¿no sería acaso el que Dios mismo ordenó sobre la tierra? Y si el tal hubiese podido verdaderamente quitar el pecado, ¿qué necesidad había de cambiar el sacerdocio y ministerio, de la tierra al cielo? Por lo tanto, según la clara palabra del Señor, el sacerdocio, ministerio, sacrificio y santuario que el papado estableció, y que opera en la tierra, no puede jamás quitar el pecado. Muy al contrario, lo que hace es perpetuar el pecado. Es un fraude, una impostura, es la misma "prevaricación" y la "abominación desoladora" del santuario.

Y esa conclusión y constatación de cuanto constituye en realidad el sistema papal, no es una deducción peregrina y extravagante. La confirman las palabras del Cardenal Baronius, analista oficial del papado. Refiriéndose al siglo X, escribió: "En ese siglo *se vio la abominación desoladora en el templo del Señor*; y a la vista de San Pedro, reverenciado por los ángeles, fueron puestos los más inicuos de entre los hombres: no pontífices, sino monstruos". Y el concilio de Rheims, en el año 991, definió al papado como "el hombre de pecado, el misterio de iniquidad".

Capítulo 14

Entonces el misterio de Dios será consumado

PERO gracias a Dios esa impostura no va a durar para siempre. Esta gran verdad del sacerdocio, el ministerio y el santuario del cristianismo no debe ocultarse para siempre de los ojos de la iglesia y del mundo. Se erigió el misterio de iniquidad y ocultó del mundo el misterio de Dios, de manera que toda la tierra se maravilló en pos de la bestia (Apoc. 13:3 y 4). Pero se acerca el día en el que el misterio de iniquidad será desenmascarado, y el misterio de Dios brillará nuevamente en el esplendor de su verdad y pureza, para no ser ya ocultado nunca más, y para cumplir su gran propósito, alcanzando su entera consumación. Porque está escrito que "en los días de la voz del séptimo ángel, cuando él comience a tocar la trompeta, el misterio de Dios será consumado, como Él lo anunció a sus siervos los profetas" (Apoc. 10:7).

En los días de Cristo y sus apóstoles fue revelado el misterio de Dios en una plenitud nunca conocida hasta entonces, y fue predicado "a todas las gentes para que obedezcan a la fe" (Rom. 16:25 y 26). Desde el principio del mundo hasta ese tiempo, fue ese "misterio escondido desde los siglos en Dios", y ese "misterio que había estado oculto desde los siglos y por generaciones, pero que ahora ha sido manifestado a sus santos, a quienes Dios quiso dar a conocer las riquezas de la gloria de este misterio entre los gentiles; que es Cristo en vosotros, la esperanza de gloria. A quien nosotros predicamos, amonestando a todo hombre, y enseñando a todo hombre en toda sabiduría, para que presentemos a todo hombre perfecto en Cristo Jesús" (Col. 1:26-29. Efe. 3:3, 5 y 9).

Pero incluso al mismo tiempo, en los mismos días de los apóstoles, el "misterio de iniquidad" ya obraba. Y continuó hasta alcanzar poder y supremacía mundial, incluso hasta quebrantar a los santos del Altísimo y pensar en mudar los tiempos y la ley, levantándose contra el Príncipe de los príncipes, engrandeciéndose aun contra el Príncipe de la fortaleza y poniéndose a sí mismo en lugar de Dios.

Y así, de nuevo –pero *no ocultado en Dios*– el misterio de Dios fue "ocultado de los siglos y de las generaciones". Pero *ahora*, en los días de la voz del séptimo ángel, *precisamente ahora*, ese misterio de Dios que durante años se había ocultado de generaciones, *es manifestado a sus santos*, "a quienes Dios quiso dar a conocer las riquezas de la gloria de este misterio entre los gentiles; que es Cristo en vosotros, la esperanza de gloria. A quien nosotros predicamos, amonestando a todo hombre, y enseñando a todo hombre en toda sabiduría, para que presentemos a todo hombre *perfecto* en Cristo Jesús".

Y eso, como ya hemos documentado, sucede de acuerdo a "como Él lo reveló a sus siervos los profetas". Esa no es una declaración aislada del profeta de Patmos, dirigida a su tiempo. Es ahora, en nuestros días, cuando "el misterio de Dios será consumado", ya que cuando el ángel de Dios hizo esa proclamación en la visión del profeta de Patmos, lo había ya previamente anunciado –y mucho tiempo antes– a sus siervos los profetas. La proclamación hecha en Patmos no fue sino la declaración del ángel de Dios de que cuanto había sido anunciado a sus siervos los profetas, debía ahora suceder plenamente y sin más demora. La proclamación completa del ángel es esta: "Y el ángel que vi en pie sobre el mar y sobre la tierra, levantó su mano al cielo, y juró por el que vive para siempre jamás, que creó el cielo y las cosas que están en él, y la tierra y las cosas que están en ella, y el mar y las cosas que están en él, que el tiempo ("demora", R.S.V.) no sería más. Pero en los días de la voz del séptimo ángel, cuando él comience a tocar la trompeta, el misterio de Dios será consumado, como Él lo anunció a sus siervos los profetas" (Apoc. 10:5-7).

El único profeta al que esta cosa fue declarada más plena y claramente que a cualquier otra fue el profeta Daniel.

Porque no sólo Daniel vio el levantamiento de este pequeño cuerno y verlo magnificarse "contra el Príncipe del ejército", "contra el Príncipe de los príncipes", y echar por tierra la verdad y el santuario pisoteándolos, sino que vio también –*y en la misma visión*– el verdadero santuario de Cristo *liberados* del poder de este cuerno pequeño, *rescatados* del pisoteo blasfemo de éste, *levantados* de la tierra y *exaltados* hasta el cielo, a donde en justicia pertenece. Y es en esa precisa parte de la visión en la que parecen mostrar el mayor interés los seres celestiales, ya que dice Daniel: "Y oí a un santo que hablaba; y otro de los santos dijo a aquél [el Número Maravilloso] que hablaba: ¿Hasta cuándo durará la visión del continuo sacrificio [servicio continuo], y la prevaricación asoladora que pone el santuario y el ejército para ser hollados? Y él me dijo [Número Maravilloso]: Hasta dos mil trescientas tardes y mañanas; *Entonces el santuario será purificado*" (Dan. 8:13 y 14).

Entonces se encomendó a Gabriel que hiciese entender la visión a Daniel. Y él empezó a hacerlo así, pero cuando en la explicación había llegado al punto concerniente a los muchos días de esta visión, punto en el que las sorprendentes y terribles cosas reveladas agobiaron a Daniel, él dijo: "Y yo Daniel fui quebrantado, y estuve enfermo algunos días; y cuando convalecí, atendí el asunto del rey; mas estaba espantado acerca de la visión, y no había quien la entendiese" (Dan. 8:27). Hasta donde había sido explicado, era sencillo de entender: ya que se declara llanamente que el carnero son los reyes de Media y de Persia, y el macho cabrío el rey de Grecia. Y a la vista de las explicaciones ya hechas en los capítulos 2 y 7 de Daniel, la descripción del siguiente gran poder que sucedería a Grecia se comprendía fácilmente a medida que el ángel avanzaba en la explicación. Pero Daniel desfalleció justamente en el clímax de la parte más importante de la explicación, de forma que se perdió la parte más esencial y significativa de la explicación, y "no había quien la entendiese".

Sin embargo, el profeta busco con toda diligencia comprender la visión. Y tras la destrucción de Babilonia, en el primer año del rey de los medas y persas, el ángel Gabriel se apareció nuevamente a

Daniel, diciendo: "Daniel, ahora he salido para darte sabiduría y entendimiento" (Dan. 9:1 y 22). Y vino precisamente para hacerle entender la declaración de aquella visión que había comenzado a explicar cuando Daniel desfalleció. Así que primeramente dirigió la atención de Daniel hacia la visión, diciendo: "Tan pronto como empezaste a orar fue dada la orden, y yo he venido para enseñártela, porque tú eres muy amado. Entiende, pues, el asunto, y *considera la visión*" (vers. 23). Habiendo dirigido en esos términos la atención del profeta hacia la visión, el ángel aborda directamente el tema del *tiempo* mencionado en la misma: la parte precisa de la visión que, a causa del desfallecimiento de Daniel, había quedado pendiente de explicación. Dice pues: "Setenta semanas están determinadas sobre tu pueblo y sobre tu santa ciudad" (vers. 24).

La palabra "determinada" significa "delimitada", "acotadas mediante límites", "señaladas en cuanto a su alcance". Al explicar la visión la primera vez, el ángel había llegado al asunto del tiempo: los "muchos días" de Dan. 8:26, los "dos mil y trescientos días" de la visión. Ahora, le dice a Daniel considerar la visión, él comienza inmediatamente a referirse a esos días, explicando los acontecimientos con ellos relacionados: "Setenta semanas", o 490 de esos días, están determinados o cortados (delimitados, asignados) para los judíos y Jerusalén. Y esto también marca la limitación de los judíos y Jerusalén como pueblo especial de Dios y como ciudad. Se trata de días proféticos, en los que cada día corresponde a un año: las 70 semanas –o 490 días– vienen a ser 490 *años*, cortados (tomados) de los 2.300 días, que a su vez son 2.300 años. El principio de los 490 años es pues coincidente con el de los 2.300 años.

El relato de las "setenta semanas", o 490 años, viene dado por el ángel en estos términos: "Conoce, pues, y entiende, que desde que salga la orden para restaurar y reedificar a Jerusalén hasta el Mesías Príncipe, habrá siete semanas, y 62 semanas. La plaza y la muralla se reedificarán en tiempos angustiosos. *Y después de las sesenta y dos semanas se quitará la vida al Mesías,* mas no por sí; y el pueblo del príncipe que ha de venir, destruirá la ciudad y el santuario; con inundación será el fin de ella, y hasta el fin de la guerra las asolaciones están determinadas. Y por una semana confirmará el pacto con muchos, y a la mitad de la semana hará cesar el sacrificio y la ofrenda". "Sobre el ala de las abominaciones vendrá uno que haga desolación, ["y sobre las almenas serán los ídolos del desolador]. incluso hasta la consumación de lo que se ha determinado venga sobre el desolador (Dan. 9:25-27, v.27, marginal).

El decreto para restaurar y reedificar Jerusalén se produjo el 457 a. de C., y se encuentra registrado en el capítulo 7 de Esdras. Fue emitido desde Babilonia, y se dirigió *primeramente* a Esdras, concediéndole potestad para abandonar Babilonia y para tomar consigo la gente y materiales necesarios para la obra de restauración de Jerusalén, a fin de que Dios pudiese ser adorado allí. Y *posteriormente*, "a todos los tesoreros del otro lado del río" Éufrates, con el objeto de que proveyesen cuanto Esdras requiriese para el avance de la obra. Cuando Esdras llegó a Jerusalén era el quinto mes del año, por lo tanto, la restauración debió comenzar hacia el otoño del 457 a. de C., lo que lleva al año 456 ½ como fecha de inicio de los 490 años, y de los 2.300 años.

A partir de entonces, 483 años conducirían al "Mesías Príncipe", lo que lleva al año 26 ½ de la era cristiana, es decir, el año 27 d. de C., que es el *preciso año* en el que Cristo hizo su aparición como Mesías, en su ministerio público, cuando fue bautizado en el Jordán y ungido con el Espíritu Santo (Mar. 7:9-11; Mat. 3:13-17). Tras ello, Él, el Mesías, "confirmará el pacto a muchos" "en otra semana", o sea, la semana que faltaba para las 70. Pero a mitad de esa semana, "hará cesar el sacrificio y la ofrenda" por el sacrificio de sí mismo en la cruz. A la mitad de la semana tiene que ser al final de los tres años y medio, de entre aquellos siete, a contar desde el otoño del 27 d. de C. Eso conduce a la primavera del año 31 d. de C., *el momento preciso en el que fue crucificado el Salvador*; y de ese modo, mediante su propio sacrificio, el auténtico sacrificio por los pecados, hizo cesar para siempre el sacrificio y la ofrenda. En esa ocasión, el velo del templo terrenal "se rasgó en dos, desde arriba hacia abajo", mostrando que el servicio de Dios hallaba su fin en aquel lugar, y la casa terrenal sería dejada desierta.

Quedaba todavía la segunda mitad de la 70ª semana, dentro del límite de tiempo en el que el pueblo judío y Jerusalén contarían con el favor especial. Esa media semana con principio en la primavera del año 31 de nuestra era, se extendía hasta el otoño del 34. En aquel tiempo, "los que habían sido esparcidos por la persecución que vino después de Esteban ['iban por todas partes anunciando la Palabra'] anduvieron hasta Fenicia, Chipre y Antioquía, y a nadie predicaron la Palabra, sino *sólo a los judíos*" (Hech. 11:19; 8:4). Pero cuando ese tiempo expiró, y los judíos se hubieron confirmado en el rechazo del Mesías y su evangelio, entonces su decisión fue aceptada, y bajo el liderazgo de Pedro y de Pablo, las puertas se abrieron de par en par a los gentiles, *a quienes pertenece la porción restante de los 2.300 años.*

Tras descontar los 490 años asignados a los judíos y Jerusalén, quedan aún 1.810 años para los gentiles (2.300 − 490 = 1.810). Ese período de los 1.810 años, comenzando, como hemos visto, en el otoño del año 34 de nuestra era, conduce indefectiblemente al otoño del año 1844, marcando *esa* fecha como el final de los 2.300 años. Y *en ese tiempo*, por palabra [el Número Maravilloso] en Dan. 8:14, "y el santuario será purificado". En 1844 fue igualmente el preciso tiempo de "en los días de la voz del séptimo ángel, cuando él comience a tocar la trompeta, el misterio de Dios será consumado, como Él lo anunció a sus siervos los profetas".

En esa época se quebrantaría el horror de las densas tinieblas con las que el misterio de iniquidad ocultó por las edades y generaciones el misterio de Dios. En aquel tiempo el santuario y verdadero tabernáculo, y su verdad, se elevarían desde el suelo, adonde el hombre de pecado los había arrojado para pisotearlos, siendo exaltados hasta el cielo, lugar al que pertenecen. Desde allí brillarán con tal luz que toda la tierra será iluminada con su gloria. En ese tiempo, la verdad trascendental del sacerdocio y ministerio de Cristo iba a ser rescatada del olvido al que la prevaricación y la abominación desoladora habían sometido, y sería una vez más y para siempre, y definitivamente, restituida a su genuino emplazamiento celestial en la fe de la iglesia, logrando en todo verdadero creyente esa perfección que es el eterno propósito de Dios que el propuso en Cristo Jesús Señor nuestro.

Capítulo 15

La purificación del santuario

LA PURIFICACIÓN del santuario y la consumación del misterio de Dios son coincidentes en el tiempo, y están tan estrechamente relacionados que constituyen una identidad práctica en carácter y evento.

En la "figura de lo verdadero" en el servicio de santuario visible, el ciclo del servicio que se completaba anualmente, y la limpieza del santuario fue el acabado de ese servicio figurativo y anual. Y la *purificación del santuario* era la *consumación* de ese servicio anual figurativo. Y esa purificación del santuario consistía en la limpieza y eliminación "de las inmundicias de los hijos de Israel, y de sus rebeliones, y de todos sus pecados" del santuario que, mediante el ministerio sacerdotal, habían sido llevados al santuario durante el año.

La consumación de esta obra, de y para el santuario, era también la consumación de la obra *para el pueblo*, ya que, en ese día de la purificación del santuario, que era el día de la expiación (o reconciliación), quien no participase del servicio de purificación mediante escrutinio del corazón, confesión y expulsión del pecado, sería cortado definitivamente del pueblo. Así, la purificación del santuario se extendía al *pueblo* y lo incluía tan ciertamente como al santuario mismo. Y cualquiera del pueblo que no participase de la purificación del santuario, no siendo él mismo purificado como lo era el santuario –purificado de toda iniquidad, transgresión y pecado–, era cortado de su pueblo para siempre (Lev. 16:15-19; 29-34; 23:27-32).

Y eso "era figura de aquel tiempo presente". Ese santuario, sacrificio, sacerdocio y ministerio, eran figura del *verdadero*, que es el santuario, sacrificio, sacerdocio y ministerio de Cristo. Y esa *purificación* del santuario era una figura del verdadero, que es la purificación del santuario –y verdadero tabernáculo que el Señor levantó, y no el hombre– de toda impureza de los creyentes en Jesús, a causa de sus transgresiones o pecados. Y el *momento* de esa purificación del verdadero santuario, en palabras de Aquel que no puede equivocarse, es: "hasta 2.300 días, y el santuario será purificado" –que es el santuario de Cristo–, en el año 1844 de nuestra era.

Y ciertamente, el santuario del cual Cristo es Sumo Sacerdote es el único que podía ser purificado en 1844, ya que es el único que existía entonces. El santuario que era figura para el tiempo presente, fue destruido por el ejército Romano junto con la ciudad (Dan. 9:26), y ese santuario e incluso su lugar iba a estar desolado "hasta una entera consumación". Por ello, el único santuario que podía ser purificado en el tiempo señalado por el Autor de la profecía, al final de los 2.300 días, era el santuario de Cristo. El santuario del cual Cristo es Sumo Sacerdote y Ministro; el santuario y el verdadero tabernáculo del cual Cristo, a la diestra de Dios, es el verdadero Sacerdote y Ministro; Ese "santuario y verdadero tabernáculo que el Señor asentó, y no hombre".

El significado de esa purificación está claramente expresado en la Escritura que estamos estudiando: Dan. 9:24-28. Ya que el ángel de Dios, al explicar a Daniel la verdad concerniente a los 2.300 días, declaró también el gran objetivo del Señor en ese tiempo, en relación con judíos y gentiles. Las setenta semanas, o 490 años determinadas para los judíos y Jerusalén, está definitivamente declarado que son "para *acabar la prevaricación, poner fin al pecado, y expiar la iniquidad, y para traer la justicia eterna, sellar la visión y la profecía, y ungir al Santo de los santos*" (Dan. 9:24).

Tal es el verdadero propósito de Dios en el santuario y sus servicios, en todo tiempo: sea en la figura o en el verdadero, sea para judíos o gentiles, sea en la tierra como en el cielo. Setenta semanas, o 490 años, era delimitado a los judíos para que alcanzasen el cumplimiento o consumación de ese propósito, por y en ellos. A fin de lograrlo, el mismo Cristo vino a ese pueblo, entre todos los pueblos, para mostrarles el Camino y conducirlos por ese Camino. Pero no lo recibieron. En lugar de ver en Él a Aquel misericordioso que terminaría la transgresión y haría el fin de los pecados, y haría la reconciliación por la iniquidad, y traía la justicia eterna a cada alma, sólo vieron en Él a "Beelzebub el príncipe de los demonios"; vieron a Uno en el lugar del cual escogerían decididamente a un malhechor; sólo a Uno que repudiarían abiertamente como a su Rey, escogiendo no tener otro rey que al César romano; solo a Uno que lo juzgaron digno de crucifixión y expulsión del mundo.

Para un pueblo tal, y en un pueblo como ese, ¿podría Él poner fin a la prevaricación, poner fin al pecado, y hacer reconciliación por la iniquidad y traer la justicia eterna? Imposible. Imposible por la propia obstinada rebelión de ellos. En lugar de permitírsele efectuar una obra tan misericordiosa y maravillosa en su favor, se vio compelido a exclamar desde la profundidad de la pena y dolor divinos: "¡Jerusalén, Jerusalén, que matas a los profetas y apedreas a los que te son enviados! ¡Cuántas veces quise juntar tus hijos, como la gallina junta sus polluelos debajo de sus alas, y no quisiste! He aquí vuestra casa os es dejada desierta". "Por tanto os digo: El reino de Dios será quitado de vosotros, y será dado a una nación que produzca los frutos de él" (Mat. 23:37 y 38; 21:43).

La nación a la que se dio el reino de Dios, tras su rechazo por los judíos, fueron los gentiles. Y todo cuanto debía haberse hecho por los judíos en los 490 años a ellos dedicados, pero que de ninguna forma consintieron en que se realizara, *eso mismo* es lo que debe hacerse por los gentiles, a quienes le es dado reino de Dios, en los 1.810 años que se les concedió. Y esa obra consiste en "acabar la prevaricación, poner fin al pecado, y hacer reconciliación por la iniquidad, traer la justicia eterna, sellar la visión y la profecía, y ungir al Santo de los santos" [kjv]. Eso puede solamente realizarse en la consumación del misterio de Dios, en la purificación del verdadero santuario cristiano. Y eso se efectúa en el verdadero santuario, precisamente acabando la prevaricación (o transgresión) y poniendo fin a los pecados en el *perfeccionamiento* de los creyentes en Jesús, de una parte; y de la otra parte, acabando la prevaricación y poniendo fin a los pecados en la *destrucción de los malvados* y la purificación del universo de toda mancha de pecado que jamás haya existido en él.

La consumación del misterio de Dios es el cumplimiento final de la obra del evangelio. Y la consumación de la obra del evangelio es, *primeramente*, la *erradicación de todo vestigio de pecado* y el traer la justicia eterna, es decir, Cristo plenamente formado en todo creyente, sólo Dios manifestado en la carne de cada creyente en Jesús; y *en segundo lugar*, y por otra parte, la consumación de la obra del evangelio significa precisamente la destrucción de todos quienes hayan dejado de recibir el evangelio (2ª Tes. 1:7-10), ya que no es la voluntad del Señor preservar la vida a hombres cuyo único fin sería acumular miseria sobre sí mismos.

Una vez más, hemos visto que, en el servicio del santuario terrenal, cuando había finalizado la obra del evangelio en el ciclo anual en beneficio de quienes habían tomado parte en él, aquellos que, por el contrario, no habían participado, eran *cortados* o *excluidos*. "Lo cual era figura de aquel tiempo presente", y enseña de forma inequívoca que, en el servicio del verdadero santuario, cuando haya finalizado la obra del evangelio para todos quienes participen en él, entonces, todos aquellos que no hayan tomado parte, serán cortados o excluidos. Así, en ambos sentidos, la consumación del misterio de Dios significa poner fin al pecado para siempre.

El servicio en el santuario terrenal muestra también que con el fin de que el santuario sea purificado y el curso del servicio del Evangelio allí sea completado, debía primero alcanzar su cumplimiento *en las personas* que participaban en el servicio. En otras palabras: En el santuario mismo no se podía acabar la prevaricación, poner fin al pecado, ni se podía hacer reconciliación por la iniquidad ni traer la justicia eterna, hasta que todo ello se hubiese cumplido previamente *en cada persona* que participaba del servicio del santuario. El santuario mismo no podía ser purificado hasta que todo adorador fuese limpio. El santuario mismo no podía ser purificado mientras se continuase introduciendo en él un torrente de iniquidades, transgresiones y pecados, *mediante la confesión del pueblo y la intercesión de los sacerdotes*. La purificación del santuario *como tal*, consistía en la erradicación y expulsión fuera del santuario, de todas las transgresiones del pueblo, que por el servicio de los sacerdotes se había ido introduciendo en él, en el servicio de todo el año. Y ese torrente debe detenerse en su fuente, en los corazones y vidas de los adoradores, antes de que el santuario mismo pueda ser purificado.

De acuerdo con lo anterior, lo primero que se efectuaba en la purificación del santuario era la purificación del pueblo. Lo que era esencial e imprescindible para la purificación del santuario, para acabar la transgresión y traer la justicia eterna; allí fue, poner fin a la transgresión, fin de los pecados, y hacer la reconciliación para la iniquidad, y traer la justicia eterna *en el corazón y la vida de cada uno de los mismos del pueblo*. Cuando se detenía en su origen el torrente que fluía hacia el santuario, entonces, y solo entonces, podía el propio santuario ser purificado de los pecados y transgresiones *del pueblo*, que se habían introducido en él *mediante la intercesión de los sacerdotes*.

Y todo eso "era figura de aquel tiempo presente", "figura del verdadero". Por lo tanto, se nos enseña claramente que el servicio de nuestro gran Sumo Sacerdote en la purificación del verdadero santuario debe ser precedida por la purificación de cada uno de los creyentes, la purificación de cada uno de los que participen en ese servicio del verdadero Sumo Sacerdote en el verdadero santuario. Es imprescindible que acabe la prevaricación, que se ponga fin al pecado, que haga reconciliación por la iniquidad y se traiga la justicia eterna en la experiencia del corazón de todo creyente en Jesús, antes de que pueda cumplirse la purificación del verdadero santuario.

Y este es el preciso objetivo del verdadero sacerdocio en el verdadero santuario. Los sacrificios, el sacerdocio y el ministerio en el santuario que no era más que una mera figura para aquel tiempo presente, no podían realmente quitar el pecado, no podían hacer perfectos a los que se allegaban a él; mientras que el sacrificio, el sacerdocio y el ministerio de Cristo en el verdadero santuario quita los pecados para siempre, hace *perfectos* a cuantos se allegan a Él, hace "*perfectos* para siempre a los santificados".

Capítulo 16

El tiempo del refrigerio

Y AHORA, en este tiempo de la consumación de la esperanza de los siglos, en este tiempo en que el verdadero santuario debe ser genuinamente purificado, en este tiempo en que debe ser completada la obra del evangelio y consumado realmente el misterio de Dios, *ahora* es el tiempo de entre todos los tiempos que jamás haya habido en el mundo, cuando los creyentes en Jesús, que son los benditos destinatarios de su glorioso sacerdocio y maravillosa intercesión en el verdadero santuario, serán partícipes de la plenitud de su gracia celestial de forma que en sus vidas haya terminada ya la transgresión, haya fin al pecado y hayan hecho reconciliación por la iniquidad para siempre, y en la perfección de la verdad reciban la justicia eterna.

Ese es precisamente el definido propósito del sacerdocio y ministerio de Cristo en el verdadero santuario. ¿Acaso no es ese sacerdocio suficiente? ¿Será su ministerio eficaz, logrando la consecución de su propósito? Sí, con total seguridad. Es sólo por ese medio como queda asegurado su cumplimiento. Ninguna alma por si misma puede acabar con la prevaricación, poner fin a los pecados, ni hacer reconciliación por las iniquidades o traer la justicia perdurable en su propia vida. A fin de que tal cosa se realice, debe ser obrada obligatoria y *solamente* por el sacerdocio y ministerio de Aquel que se dio a sí mismo, y que fue entregado para poder cumplir eso mismo por todas las almas, "para haceros santos, sin mancha e irreprensibles" a la vista de Dios.

Todo aquel cuyo corazón esté inclinado a la verdad y a la rectitud desea que esto se haga; sólo el sacerdocio y ministerio de Cristo lo pueden hacer, y ahora es el tiempo para su pleno y definitivo cumplimiento. Por lo tanto, creamos en Aquel que lo está efectuando, y confiemos en que es capaz de llevarlo a completa y eterna consumación.

Éste es el momento, y ésta la obra de la que se declara que "ya no habrá más tiempo" ("el tiempo no será más"). ¿Y por qué debería haber retraso por más tiempo? Si el sacerdocio de nuestro gran Sumo Sacerdote es eficaz, su sacrificio y ministerio totalmente suficientes en relación con lo prometido, aquello en lo que espera todo creyente, ¿por qué tendría que demorarse el acabar la prevaricación, poner fin al pecado, hacer reconciliación por la iniquidad y traer la justicia eterna a cada alma creyente?

Entonces confiemos en Cristo para hacer aquello por lo que se dio a sí mismo para hacer y que *únicamente Él* lo puede realizar. Confiemos en Él en esto, y recibamos en su plenitud lo que pertenece a toda alma que cree y confía incondicionalmente en el Apóstol y Sumo Sacerdote de nuestra profesión: Cristo Jesús.

Hemos visto que el cuerno pequeño –el hombre de pecado, el misterio de iniquidad– instauró su propio sacerdocio terrenal, humano y pecaminoso, en el lugar del sacerdocio y ministerio santo y celestial. En ese servicio y sacerdocio del misterio de iniquidad, el pecador confiesa sus pecados al sacerdote, *y sigue pecando*. Ciertamente, en ese ministerio y sacerdocio no hay poder para hacer otra cosa que no sea seguir pecando, incluso después de haber confesado sus pecados. Pero, aunque sea triste la pregunta, los que no pertenecen al misterio de iniquidad, sino que creen en Jesús y en su sacerdocio y ministerio celestial, ¿no es cierto que confiesan ellos también sus pecados, para luego *continuar pecando*?

Pero ¿es esto justicia a nuestro gran Sumo Sacerdote, a su sacrificio y a su bendito ministerio? ¿Es justo que rebajemos así a Cristo, su sacrificio y su ministerio, prácticamente a la altura de la "abominación desoladora", y pensar que en Él y su ministerio no hay más poder y virtud de lo que hay en el "ministerio de iniquidad"? Que Dios libre hoy y para siempre a su iglesia y pueblo, sin más demora, de este rebajar hasta lo ínfimo a nuestro gran Sumo Sacerdote, su formidable sacrificio y su glorioso ministerio.

Confiemos de verdad en nuestro gran Sumo Sacerdote, y que nuestra confianza sea realmente inamovible. Es posible oír a protestantes manifestando sorpresa por la ciega insensatez de los católicos al confiar plenamente en el sacerdote. Y, con respecto a cualquier sacerdocio terrenal, el pensamiento es correcto. Y, sin embargo, la confianza implícita del sacerdote es eternamente correcta, pero debe ser la confianza en el *Sacerdote correcto*. Esa confianza en un sacerdocio falso es muy ruinosa, pero el principio de la confianza implícita en el Sacerdote es eternamente correcto. Y Jesucristo es el verdadero Sacerdote.

Por lo tanto, todo aquel que cree en Cristo Jesús –en el sacrificio que Él hizo, en el sacerdocio y ministerio que Él ejerce en el verdadero santuario– debe, no solamente confesar sus pecados, sino que debe entonces confiar absolutamente en el verdadero Sumo Sacerdote en su ministerio en el verdadero santuario para *acabar* la prevaricación (transgresión), *poner fin* al pecado, hacer *reconciliación* por la iniquidad y traer la *justicia de los siglos* a su corazón y vida.

Recuérdese: justicia de los siglos. No justicia para hoy y pecado para mañana, y justicia otra vez, y pecado de nuevo. *Eso* no es justicia eterna. La justicia eterna es traída para permanecer constantemente en la vida de quien ha creído y confesado, y que *sigue creyendo y recibiendo* esa justicia de los siglos en lugar del pecado y el pecar. Sólo esto es justicia eterna; sólo esto es redención eterna del pecado. Y esa bendición inenarrable es el don gratuito de Dios por medio del ministerio celestial que ha establecido para nuestro beneficio en el sacerdocio y ministerio de Cristo en el santuario celestial.

En consecuencia, hoy, justamente ahora, "mientras dura ese 'hoy'", como nunca antes, la palabra de Dios a todo hombre es: "Así que, arrepentíos y convertíos, para que sean borrados vuestros pecados; para que vengan tiempos de refrigerio ["que puede haber temporadas del refrigerio," R.V.] de la presencia del Señor, y Él envíe a Jesucristo, que os fue antes predicado; Al cual de cierto es menester que el cielo tenga hasta los tiempos de la restauración de todas las cosas" (Hech. 3:19-21).

El tiempo de la venida del Señor y de la restitución de todas las cosas está verdaderamente a las puertas. Y cuando Jesús venga, será para tomar a su pueblo consigo mismo. Para presentarse a sí mismo una iglesia gloriosa "que no tuviese mancha ni arruga, ni cosa semejante; sino que fuese santa y sin mancha". Es para verse a sí mismo perfectamente reflejado en todos sus santos.

Y *antes* de que venga, su pueblo debe estar en esa condición. Antes de que venga debemos haber sido llevados a ese estado de perfección, a la plena imagen de Jesús (Efe. 4:7, 8, 11-13). Y ese estado de perfección, ese desarrollo en todo creyente de la completa imagen de Jesús, eso es la consumación del misterio de Dios, que es Cristo en vosotros, la esperanza de gloria (Col. 1:27). Esa consumación halla su cumplimiento en la purificación del santuario, que significa la consumación plena del misterio de Dios, y que consiste en acabar la prevaricación (transgresión), poner un fin decidido a los pecados, haciendo reconciliación por la iniquidad, traer la justicia de los siglos, sellar la visión y la profecía, y ungir el Santo de los santos.

Puesto que es en este tiempo que la venida de Jesús y la restauración de todas las cosas está a las mismas puertas; y dado que ese perfeccionamiento de los santos debe necesariamente preceder a dicha venida del Señor y restauración de todas las cosas, sabemos por cada evidencia de que *ahora* estamos en el tiempo del refrigerio, el tiempo de la lluvia tardía. Y tan ciertamente como eso es así, estamos actualmente viviendo en el tiempo de cubrir definitivamente todos los pecados que alguna vez nos hayan asediado. La purificación del santuario consiste precisamente en cubrir los pecados, en acabar con la transgresión en nuestras vidas, en poner fin a todo pecado en nuestro carácter, en la venida de la justicia misma de Dios que es por la fe en Jesús, para que permanezca ella sola para siempre.

Ese cubrir de los pecados debe preceder a la recepción del refrigerio de la lluvia tardía, ya que la promesa del Espíritu viene solamente sobre quienes tienen la bendición de Abraham, y es solamente sobre aquellos esa bendición se pronuncia; solamente sobre aquellos que ha sido redimidos del pecado (Gál. 3:13 y 14).

Por lo tanto, ahora como nunca antes debemos arrepentirnos y convertirnos para que nuestros pecados sean borrados, para que llegue a un fin absoluto de ellos para siempre en nuestras vidas y la justicia eterna entre. Y esto, con el fin de que la plenitud del derramamiento del Espíritu Santo sea nuestra en este tiempo del refrigerio de la lluvia tardía. Y todo esto debe hacerse para que el mensaje del evangelio del reino, que produce la maduración de la cosecha, sea predicado en todo el mundo con ese poder desde lo alto por el cual la tierra será alumbrada con su gloria.

Capítulo 17

Conclusión

CRISTO EL SEÑOR, el Hijo de Dios, descendió del cielo y se hizo carne, y habitó entre los hombres como Hijo del hombre.

Él murió en la cruz del Calvario por nuestras ofensas.

Él se levantó de entre los muertos para nuestra justificación.

Ascendió al cielo como nuestro abogado, y como tal se sentó a la diestra del trono de Dios.

Él es sacerdote en el trono de su Padre; sacerdote para siempre según el orden de Melquisedec.

A la diestra de Dios, en el trono de Él, como sacerdote en su trono, Cristo es "ministro del santuario, y de aquel verdadero tabernáculo que el Señor levantó, y no el hombre".

Y Él volverá otra vez en las nubes del cielo con poder y gran gloria para tomar a su pueblo consigo mismo, para presentarse a sí mismo a su iglesia gloriosa, y para juzgar al mundo.

Las declaraciones anteriores constituyen principios eternos de la fe cristiana.

Para que la fe sea verdadera y plena, es preciso que la vida de Cristo en la carne, su muerte en la cruz, su resurrección, ascensión y su sentarse a la diestra del trono de Dios en los cielos sean principios eternos en la fe de todo cristiano.

Que este mismo Jesús es un sacerdote a la diestra de Dios en su trono, debe igualmente ser un principio eterno en la fe de todo cristiano a fin de que se trate de una fe plena y verdadera. Que Cristo –el Hijo de Dios– como sacerdote a la diestra del trono de Dios es "ministro del santuario, y de aquel verdadero tabernáculo que el Señor levantó, y no el hombre", debe ser también un principio eterno en la fe madura y plena de todo cristiano.

Y esa verdadera fe en Cristo –el Hijo de Dios– *como el auténtico sacerdote* en ese ministerio y santuario verdaderos, a la diestra de la Majestad en los cielos; esa fe en que su sacerdocio y ministerio acaban la transgresión, ponen fin a los pecados, hacen reconciliación por la iniquidad y traen la justicia de los siglos, esa fe, hará *perfecto a todo el que a Él se allega*. Lo preparará para el sello de Dios y para el ungimiento final del Santo de los santos.

Por medio de esa verdadera fe, todo creyente que sea *de* esa fe genuina puede tener la certeza de que en él y en su vida la transgresión se acabado y se ha puesto fin a los pecados, que ha hecho reconciliación por toda la iniquidad de su vida y la justicia perdurable viene a reinar en su vida por siempre jamás. Puede estar perfectamente seguro de ello, ya que la Palabra de Dios así lo afirma, y la verdadera fe viene por oír la Palabra de Dios.

Todos cuantos pertenezcan a esa verdadera fe pueden estar tan seguros de todo lo anterior, como de que Cristo está a la diestra del trono de Dios. Lo pueden saber con la misma certeza con la que saben que Cristo es sacerdote sobre ese trono. Ellos lo pueden saber de la misma manera verdadera que pueden saber que Él está allí como "ministro del santuario y del verdadero tabernáculo que el Señor levantó y no el hombre.

Exactamente con la misma confianza que merece toda declaración de la Palabra de Dios, ya que ésta lo establece de forma inequívoca.

Por lo tanto, en este tiempo, que todo creyente en Cristo se levante en la fortaleza de esa verdadera fe, implícitamente creyendo sin reservas en el mérito de nuestro gran Sumo Sacerdote, en su santo ministerio e intercesión en favor nuestro.

En la confianza de esa verdadera fe, que todo creyente en Jesús exhale un largo suspiro de alivio, en agradecimiento a Dios por el cumplimiento de lo esperado: que la transgresión está terminada en su vida, que has acabado con la iniquidad para siempre, que ha puesto fin a los pecados es hecho en tu vida y que eres libre de toda atadura a ello para siempre, que has hecho reconciliación por la iniquidad, siendo por siempre limpiado de ella mediante la sangre del esparcimiento; y que la justicia eterna ha sido traída a su vida, para reinar ya por siempre, para sostenerlo, guiarlo y salvarlo en la plenitud de la redención eterna que, mediante la sangre de Cristo, se da a todo creyente en Jesús, nuestro gran Sumo Sacerdote y verdadero Intercesor.

Entonces, en la justicia, paz y poder de esa verdadera fe, que todo aquel que lo conoce esparza por doquier las gloriosas nuevas del sacerdocio de Cristo, de la purificación del santuario, de la consumación del misterio de Dios, de la llegada del tiempo del refrigerio y de la pronta venida del Señor "para ser glorificado en sus santos, y a hacerse admirable en aquel día en todos los que creyeron", y "para presentarla para sí, una iglesia gloriosa, sin mancha ni arruga, ni cosa semejante; antes que sea santa e inmaculada".

"Así que, la suma de lo que hemos dicho es: Tenemos tal Sumo Sacerdote el cual está sentado a la diestra del trono de la Majestad en los cielos; ministro del santuario, y del verdadero tabernáculo que el Señor levantó, y no el hombre" (Hebreos 8:1-2).

"Así que, hermanos, teniendo libertad para entrar en el lugar santísimo por la sangre de Jesús, por el camino nuevo y vivo que Él nos consagró a través del velo, esto es, por su carne; y teniendo un gran sacerdote sobre la casa de Dios, acerquémonos con corazón sincero, en plena certidumbre de fe, purificados los corazones de mala conciencia, y lavados los cuerpos con agua pura". Y "Mantengamos firme, sin fluctuar, la profesión de nuestra fe; que fiel es el que prometió" (Hebreos 10:19-23).

www.ingramcontent.com/pod-product-compliance
Lightning Source LLC
Chambersburg PA
CBHW020327010526
44107CB00054B/2012